Sophie Albrecht
Thüringisches Kochbuch.
Regionale Rezepte aus dem 19. Jahrhundert

AF156266

SEVERUS Verlag

Albrecht, Sophie: Thüringisches Kochbuch. Regionale Rezepte aus
dem 19. Jahrhundert. 2019
Neuauflage der Ausgabe von 1839
ISBN: 978-3-96345-190-4

Korrektorat: Lilly Pia Seidel
Satz: Lilly Pia Seidel

Umschlaggestaltung: Annelie Lamers, SEVERUS Verlag
Umschlagmotiv: www.pixabay.com
Bilder entnommen aus:
Hahn, Mary: Illustriertes Kochbuch. Leipzig 1934.
Thoma, Frieda: Hausfrauen-Kochbuch. Lahr 1905.

Bibliografische Information der Deutschen Nationalbibliothek: Die
Deutsche Nationalbibliothek verzeichnet diese Publikation in der
Deutschen Nationalbibliografie; detaillierte bibliografische Daten
sind im Internet über https://dnb.de abrufbar.

Der SEVERUS Verlag ist ein Imprint der Bedey & Thoms Media GmbH,
Hermannstal 119k, 22119 Hamburg

SEVERUS Verlag, 2019
http://www.severus-verlag.de
Gedruckt in Deutschland

Sophie Albrecht

Thüringisches Kochbuch

Regionale Rezepte aus dem
19. Jahrhundert

INHALT

VORWORT

Mit insgesamt 260 Rezepten – von gehaltvollen Suppen über kräftigen Braten bis zu erfrischenden Getränken – gibt dieses Werk einen umfangreichen lehrreichen Einblick in die rustikale Küche Thüringens. Selbstverständlich dürfen darin die mehr oder weniger offiziellen Nationalgerichte, die Thüringer Klöße und die Thüringer Rostbratwurst, nicht fehlen. Der Fokus liegt wie auch noch in den traditionellen Haushalten und Restaurants von heute auf Fleisch, Gemüse und natürlich den Klößen. Insgesamt ist diese Küche außergewöhnlich herzhaft, sehr fleischlastig und deftig, also perfekt für den »gemütlichen Thüringer« oder allgemein jeden hungrigen Genießer.

Wie die Verfasserin Sophie Albrecht in ihrem Vorwort andeutet, sind die Rezepte wohl vorwiegend für den Thüringer, der sich vielleicht eher mit den verschiedenen regionalen Begriffen wie z.B. *Kriebs* (Bezeichnung für das Gehäuse von Äpfeln und Birnen) oder *Semmeln* (Bezeichnung für Brötchen) auskennen würde, zusammengestellt worden. Nichtsdestotrotz lädt es jedermann ein, sich auf eine Zeitreise in die erste Hälfte des 19. Jahrhunderts zu begeben und Thüringen kulinarisch zu erkunden.

Einige der folgenden Rezepte haben eine lange Tradition aufzuweisen, wie das populäre Sommergericht *Tüschel* bzw. *Tischel* (Seite 64), welches Bäuerinnen schon vor Jahrhunderten für die Feldarbeiter zur Stärkung kochten. Auch die in weiten Teilen Deutschlands bekannte Thüringer Rostbratwurst (Seite 76) wurde bereits im Jahr 1404 in einer Rechnungsabschrift des Arnstädter Jungfrauenklosters genannt.

Anderseits finden sich viele zeitgemäße Speisen und Getränke, die dank knapper und unkomplizierter Beschreibungen sehr einfach nachzumachen sind – egal wie erfahren man in der Kochkunst ist. Darüber hinaus lassen sich die früheren Zubereitungsarten und -utensilien gut in die jetzige Zeit übertragen. Wenn z.B. etwas über dem Feuer zum Kochen gebracht werden soll, so kann dies allemal auf einem normalen Herd realisiert werden. Das muss selbstredend nicht, wie die Autorin betont, von jungen Mädchen oder Hausfrauen übernommen werden – jeder darf sich hier probieren.

Denn Johanne Sophie Dorothea Albrecht (1756–1840) war selbst keineswegs eine typische Hausfrau, die ihren Lebtag mit dem Zubereiten von Speisen verbrachte, sondern eine gefeierte deutsche Schauspielerin und Schriftstellerin. Mit Freuden unterstützt wurde sie dabei von ihrem Ehemann Johann Friedrich Ernst Albrecht (1752–1814), den sie kurz nach dem frühen Tod ihres Vaters, des Medizinprofessors Johann Paul Baumer, 1772 im Alter von 15 Jahren geheiratet hatte. Die beiden verband glücklicherweise von Anfang an das Interesse am Theater und an der Schriftstellerei.

Ihr Schauspieldebüt gab Sophie Albrecht 1783 als *Lanassa* bei der »Großmann'schen Gesellschaft« von Gustav Friedrich Großmann. Anfang Mai 1784 freundete sich bei einer Aufführung von »Kabale und Liebe« in Frankfurt am Main, in welcher sie die Hauptrolle der *Luise Millerin* übernahm, mit Friedrich Schiller (1759–1805) an. Dieser wollte sie nebenbei bemerkt ursprünglich vom Schauspielen abhalten, weil sich diese Tätigkeit nicht mit seinem Ideal der »schönen Seele« vereinbaren ließ. Entgegen seiner Forderung führte sie ihre Laufbahn fort und spielte dann bei der Leipziger Premiere seines »Don Carlos« die Prinzessin Eboli. Schiller und das Paar Albrecht blieben weiterhin befreundet. Er war oft zu Gast bei ihnen und beendete beispielsweise damals seinen »Don Carlos« in ihrem Haus in Dresden. Sophie Albrecht wiederum arbeitete mit an Schillers *Thalia*-Zeitschrift, in welcher sie u.a. 1785 das »Morgenlied« abdrucken ließ. Obendrein brachte sie im selben Jahr das Gedicht »An Friedrich Schiller« in ihrem eigenen dreiteiligen Band »Gedichte und prosaische Aufsätze« heraus. Ab 1785 war sie zudem Hofschauspielern bei der »Bondini'schen Gesellschaft« des Italieners Pasquale Bondini und hatte Auftritte in Leipzig, Dresden und Prag, später bei der »Seconda'schen Gesellschaft« in Dresden und Leipzig. So spielte sie sich bis 1796 zu einer Schauspielerin ersten Ranges. In den Jahren 1799 bis 1800 hatte sie weiterhin Aufführungen in Altona, wo ihr Ehemann u.a. 1796 an der Gründung des Altonaer Nationaltheaters beteiligt war.

Aber auch als Schriftstellerin hatte sie Erfolge zu verzeichnen. Mit dem Schreiben begann sie im Zeitraum von 1776 bis 1780, in welchem ihr Ehemann in Reval bzw. Tallinn als Leibarzt eines Grafen Manteuffel, vermutlich Karl Reinhold Manteuffel (1721–1779), engagiert war und sie währenddessen in Estland und Russland umherreisten. Ihre ersten Gedichte verlegte sie in estländischen Blättern, ab der Rückkehr nach Erfurt publizierte sie ihre Werke in dem Verlag ihres Mannes, der selber mehr als 50 Romane verfasste, »Albrecht und Compagnie«. Zu ihren angesehenen Arbeiten zählen das Drama »Theresgen. Ein Schauspiel mit Gesang« (1781), »Ida von Duba, das Mädchen im Walde. Eine romantische Geschichte« (1805) und Geister-, Ritter- und Räubergeschichten wie »Graumännchen oder die Burg Rabenbühl« (1799) oder »Das höfliche Gespenst« (1797).

Trotz ihrer beeindruckenden Karriere starb Sophie Albrecht vollkommen mittellos am 16. November 1840 im Armenhaus in St. Georg in Hamburg. Nach dem Tod ihres Mannes aufgrund von Typhus im Jahr 1814 hatte sie immer weniger Geld zur Verfügung gehabt, in ihrer Not ihre Theatergarderobe verliehen und sich als Wäscherin und Näherin verdient. Daneben konnte sie mit einigen Auftragsarbeiten wie Gedichte und Romane Einkünfte erzielen, so schrieb sie z.B. für Johann Heinrich Voß' (1751–1826) Musenalmanach.

Das vorliegende Kochbuch veröffentlichte Albrecht ein Jahr vor ihrem Tod. Als gebürtige Erfurterin nahm sie verständlicherweise viele regionale Spezialitäten mit in ihre Rezeptsammlung auf. Die Landeshauptstadt Thüringens war im Übrigen im 19. Jahrhundert so berühmt für ihren fruchtbaren Obst- und Gemüseanbau, dass selbst die erste große Zeitschrift Deutschlands, die »Gartenlaube«, im Jahr 1867 darüber berichtete. Nicht nur die Vielfalt und Menge, auch die Größe, der Geschmack und allgemein die gute Qualität der zahlreichen Sorten überzeugten. Dazu gehörte die Erfurter Puffbohne, die seit dem Mittelalter ein allseits geschätztes günstiges sowie sehr proteinhaltiges Nahrungsmittel darstellte und gegenwärtig noch immer angebaut wird. Ebenso gelten mit dieser speziellen Bohnenart abgerundete Salate und Suppen bis heute als gern gegessene Vorspeisen (Vgl. Seite 35 und 39).

Allgemein ist das gesamte Thüringer Becken dank seiner Lage zwischen zwei Mittelgebirgen (Harz und Thüringer Wald) mit einem milden Klima, weiten Wiesen und Wäldern und einem nährstoffreichen Boden gesegnet. Aus diesem Grund war und ist diese Region so wichtig für den Gartenbau und die Saatzucht. Besonders die Samen der Brunnenkresse waren überregional begehrt: Im 19. Jahrhundert und zum Anfang des 20. Jahrhunderts wurden sie bis nach Amerika verschifft. Selbst der französische Kaiser Napoleon Bonaparte (1769–1821) war so begeistert von der Brunnenkresse, dass er sie 1809 von zwei Thüringern, die in deren Anbau und Pflege kundig waren, nach Frankreich exportieren ließ und dort erfolgreich anpflanzte. Ausgesprochen schmackhaft und beliebt ist seit jeher die Art, die im Erfurter Dreienbrunnen (Vgl. Seite 91) wächst, welcher von drei Quellen mit jeweils verschiedener Tiefe und dadurch resultierenden unterschiedlichem Geschmack mit trinkbarem Wasser gespeist wird. Außerdem ist das ihn umgebende Gebiet ein eigenes Biotop mit ca. 650 teilweise seltenen Tier- und Pflanzenarten, weshalb es seit 2006 zu der Liste der geschützten Landschaftsbestandteile Erfurts gehört.

Auf vergleichbare Weise liegt es uns als Verlag am Herzen, die Traditionen der deutschen Küche zu bewahren und für neue Generationen zugänglich zu machen.[1] Da allerdings für die Rezepte überwiegend heutzutage unbekannte und veraltete Maßeinheiten verwendet werden, folgt für das bessere Verständnis eine begleitende Tabelle:

1 Pfund	ca. 500 Gramm, in Preußen: 467,711 Gramm
1 Loth	ca. 14,7 Gramm
1 Nösel	ca. 0,5 Liter, in Erfurt: 0,51146 Liter
1 Maaß	2 Nösel, sprich ca. 1 Liter

1   An dieser Stelle sind einige unserer anderen Kochbücher zu empfehlen: »Hamburger Küche: Geprüft und gewährt. Ein Kochbuch mit über 1000 Originalrezepten traditioneller Kochkunst aus Hamburg«; »Berliner Kochbuch. Kulinarisches aus dem 19. Jahrhundert«; »Fasten: Die Fastenküche von 1878. Rezeptideen zum Heilfasten«; »Rheinisches Kochbuch. Gewöhnliche und feine Küche um 1900«; »Hannoversches Kochbuch. Regionale Rezepte aus dem 18. Jahrhundert« und »Regensburger Kochbuch«.

1 Quart	ca. 1,145 Liter
1 Mandel	englisches großes Dutzend: 15 Stück
1 Schock	4 Mandel, sprich 60 Stück
1 Viertel	25 Stück
1 Flasche	in Preußen für Wein: 0,8588 Liter
1 Bouteille	ca. 0,9363 Liter
1 Glas	ca. 0,15 Liter
1 Tassenköpfchen	ca. 0,125 Liter
1 Reihe Semmeln	3 aneinander gebackene Brötchen
1 Groschen	12 Pfennige
1 Pfennig	ca. 0,01 Euro

(Erfurt gehörte in der Zeit der Herausgabe zu Preußen, weshalb die Maßeinheiten hier vorwiegend an der preußischen Maß-und Gewichtsordnung von 1816 orientiert sind.)

Einzelne nummerierte Abbildungen werden im Anhang auf Seite 113 erklärt.

Wir wünschen den Lesern nun viel Spaß beim Ausprobieren und Nachkochen!

Lilly Seidel
SEVERUS Verlag

Vorwort der Verfasserin an Jungfrauen und junge Frauen

Die Männer sind eigennützige Geschöpfe. Wir gefallen ihnen im Schmucke des Balles, dort werben sie um uns; wir werden Frauen. Nun gefällt ihnen der Flitter nicht mehr, sie fordern nun mit hochweisen Redensarten von der jungen Frau die Pflichten der Hausmutter mit vollem Ernste; und vor allem will die Philosophie d e s M a g e n s bei den Männern sich geltend machen. »Was kochst du heute, liebes Kind?«, ist die Frage beim Frühstück, denn die Männer sind alle Topfgucker, wenn sie es auch nicht Wort haben wollen; und will die Frau ein recht freundlich Gesicht, so hat sie ihre ganze Aufmerksamkeit auf die edle Küche zu verwenden.

Die Kochbücher sind zwar bei vielen Hausfrauen verhasst, besonders bei solchen, die in ihrer Jugend das Glück hatten, eine gute Anleitung zum Kochen auf praktischem Wege zu erlangen, aber sollen wir sie ganz verschmähen, wenn sie gut sind, wenn sie eine brauchbare, durch Erfahrung begründete Anweisung enthalten?

Das junge Mädchen, die angehende Hausfrau, sei sie von mittlerem oder höherem Stande, bedarf eines guten Kochbuches, selbst wenn sie schon Gelegenheit hatte, in der Küche zu schaffen; sie kann nicht alle Zubereitungsarten von Speisen im Gedächtnis haben, sie muss deshalb zum Nachschlagen ein nützliches Buch besitzen, und das hoffe ich ihr in diesem zu geben.

Es ist dies Kochbuch vorzugsweise für T h ü r i n g e n berechnet, wird aber auch weiter hinaus eine gute Aufnahme finden, da uns're Küche den Fremden behagt und ihr Ruhm von diesen fernhin ausposaunt wurde. Dem Herzog Alba mit seiner Schar schon hat das Frühstück auf dem Schlosse zu Rudolstadt, welches die edle Fürstin ihm gab, wohl gemundet, obgleich sie ihm, der nicht fein artig war, den Brei etwas versalzte. –

Für das einfach erzogene Weib, nicht für gelehrte Frauen, die ihre Weisheit aus französischen Kochbüchern holen, habe ich geschrieben; die Speisen selbst sind einfache, aber sie werden selbst dem Leckermaule schmecken, kurz ich hoffe, durch dieses Buch jungen Köchinnen nützlich zu werden – und die Männer, wenn es ihnen mundet, mögen sich schön bedanken bei der

Verfasserin.

Suppen

1. Rindfleischbrühe mit gemachten Nudeln. Den Teig zu den Nudeln macht man auf folgende Weise: Man legt auf ein Brett ein Häufchen feines Weizenmehl, macht in der Mitte eine Vertiefung, schlägt Eier hinein, nimmt ein Messer, schlägt damit die Eier untereinander, und nimmt nach und nach etwas Mehl von den Seiten dazu, bis der Teig so fest ist, dass er nicht mehr an den Fingern klebt. Dann macht man einen recht festen Teig, mangelt ihn recht fein, schneidet Streifen, legt sie aufeinander und schneidet Nudeln. Wenn die Brühe kocht, lässt man die Nudeln locker hineinfallen, rührt sie einmal um, und nachdem sie eine ½ Stunde gekocht haben, sind sie fertig. Man würzt sie mit Muskate.

2. Rindfleischbrüh-Suppe mit Fadennudeln. Man nimmt 3 Nösel gute Rindfleischbrühe und wenn sie kocht, tut man ¼ Pfund Nudeln locker und einzeln hinein, lässt sie dann eine ½ Stunde recht langsam kochen, dass sie recht ausquellen. Beim Anrichten würzt man die Suppe mit Muskate.

3. Kalbfleisch-Suppe. Man quirlt 4 Eidotter in ein wenig Wasser, gießt dann 1 Maaß kochende Fleischbrühe, in der man zuvor ein Stückchen Butter gekocht hat, unter die zerschlagenen Eier, lässt das Ganze aber nicht wieder kochen. Beim Anrichten legt man Semmelscheiben hinein und bereibt sie mit Muskate.

4. Sago-Suppe. Man reinigt 8 Loth Sago, wäscht ihn mit kaltem Wasser ab, schüttet 1 Nösel Wasser darauf, setzt ihn zum Feuer, lässt ihn einmal aufkochen, gießt ihn in einen feinen Durchschlag und spült ihn mehrere Male mit kaltem Wasser ab, dass er recht abläuft; dann schüttet man 3 Nösel gute Fleischbrühe darauf, und lässt ihn noch 1 Stunde kochen, dass er recht ausquillt.

5. Zerfahrne Eier-Suppe. Wenn man einen flüssigen Teig von 3 geriebenen Semmeln, 2 Eiern, 4 Loth frischer Butter, ein wenig geriebener Muskate und Salz gemacht hat, macht man 3 Nösel Fleischbrühe kochend und lässt diese Masse unter beständigem Quirlen hineinlaufen und bloß aufkochen. Wenn man anrichten will, gibt man ein bisschen fein geschnittne Petersilie hinein.

6. Gries-Suppe. Man nimmt 1 Maaß Fleischbrühe, und wenn diese kocht, quirlt man 4 Loth Gries hinein, tut etwas Selleriewurzel hinzu, und lässt es eine ½ Stunde kochen. Ist es aber Kalbfleischbrüh, so muss man noch etwas Butter daran tun, und vor dem Anrichten ein paar Eidotter abquirlen und die Suppe dazugießen.

7. Reis-Suppe mit Fleischbrühe. Nachdem man ⅛ Pfund Reis gelesen, dann mit kaltem Wasser abgegossen hat, tut man ihn in einen Topf, schüttet 1 Nösel kaltes Wasser darauf, setzt ihn zum Feuer, und wenn er anfangen will zu kochen, rührt man ihn behutsam, gießt ihn durch einen feinen Durchschlag, spült ihn noch mehrere Male mit Wasser ab, schüttet dann 1 Maaß gute Rindfleischbrühe darauf, und lässt diese Suppe noch 1 Stunde kochen, dann bereibt man sie beim Anrichten mit Muskate.

8. Graupen-Suppe. Wenn man 4 Loth Graupen mit kaltem Wasser abgegossen hat, schüttet man 1 Maaß gute Rind- oder Hammelfleischbrühe, worin etwas Sellerie gekocht hat, darauf, lässt sie 1 Stunde kochen, und tut kurz vor dem Anrichten ein bisschen fein geschnittene Petersilie hinein; diese darf jedoch bloß einmal aufkochen, weil sie sonst gelb wird und säuert.

9. Salep-Suppe. Man nimmt 1 Maaß Wasser und lässt es kochen, tut dann 1 Scheibe Zitrone hinein, und lässt diese durchziehn; alsdann nimmt man ein wenig kaltes Wasser, tut 1 Loth Salep und 4 Loth Kandiszucker dazu, nimmt dann das kochende Wasser, quirlt dieses in den Salep und richtet die Suppe an.

10. Spargel-Suppe mit kleinen Klösschen. Von dem Spargel nimmt man nur die Köpfe, wäscht sie und kocht sie dann in Rindfleischbrühe ganz weich. Dann reibt man Semmel, nimmt Butter, Eier, etwas Salz und geriebene Muskate dazu, macht davon einen Teig, woraus man kleine runde Klößchen formt, die man kurz vor Tische in die siedende Fleischbrühe tut, welche man nur 5 Minuten kochen lässt. Ehe man anrichtet, wirft man ein bisschen fein geschnittene Petersilie hinein, dass dieselbe bloß einmal mit aufkocht, und würzt die Suppe mit Muskate.

11. Eier-Graupen-Suppe. Man nimmt 3 Eier und 3 Esslöffel feines weißes Mehl, und schlägt es tüchtig untereinander, indessen hat man 3 Nösel gute Fleischbrühe am Feuer, und wenn diese kocht, quirlt man die Masse hinein, lässt sie ein paar Mal aufkochen und bereibt sie beim Anrichten mit Muskate.

12. Weisse-Bohnen-Suppe. Nachdem man 1 Nösel weiße Bohnen gelesen und gewaschen hat, schüttet man 3 Nösel kaltes Wasser darauf und setzt sie zum Feuer. Wenn sie weich gekocht sind, brüht man sie ab, schüttet 3 Nösel Fleischbrühe mit etwas Sellerie gekocht hinzu, ein bisschen Pfeffer und lässt dies eine ½ Stunde kochen; dann rührt man sie durch einen Durchschlag und erhält sie bis zum Anrichten heiß.

13. Kerbel-Suppe. Den Kerbel liest man, wäscht und schneidet ihn recht klein, tut ihn in kochendes Wasser, etwas Butter und Salz dazu, und lässt ihn eine Weile kochen; quirlt die Suppe mit Eidotter ab und richtet sie über geröstete Semmelscheiben an.

14. Kartoffel-Suppe. Man nimmt verhältnismäßig Kartoffeln; wenn solche roh geschält und in kleine Würfel geschnitten und gewaschen sind, setzt man sie mit kaltem Wasser zum Feuer, und wenn sie anfangen zu kochen, schüttet man das Wasser ab. Alsdann gießt man Fleischbrühe oder Wasser mit etwas Salz darauf, und lässt sie gehörig weich kochen, nimmt dann geriebene Semmel, röstet sie in Butter schön gelb und gibt sie hinzu, dass sie mit aufkochen. Beim Anrichten wird etwas Muskatennuss auf die Suppe gerieben.

15. Roggenmehl-Suppe. 1 Maaß Wasser, 4 Loth Butter und 1 Teelöffel voll Salz setzt man auf das Feuer, und wenn dieses kocht, quirlt man 4 Esslöffel voll Roggenmehl hinein, lässt es aufkochen, gießt dieses durch einen feinen Durchschlag und richtet sie an.

16. Wasser-Suppe. 1 Maaß Wasser, 4 Loth Butter und 1 Teelöffel voll Salz tut man in einen Topf und lässt es kochen, dann schlägt man 4 Eidotter in ¼ Nösel Milch, schlägt dieses durcheinander, und gießt das kochende Wasser unter die in Milch zerschlagenen Eier, richtet sie über in Scheiben geschnittene Semmeln an und würzt sie mit Muskate.

17. Wasser-Suppe für Kranke. Zu dieser Suppe nimmt man Wasser, ein Stückchen Butter, etwas Salz, wenn dieses kocht, schüttet man sie über geschnittne altbackene Semmeln.

18. Milch-Suppe. Es wird 1 Maaß Milch gekocht, dann kömmt 4 Loth Zucker und 1 Messerspitze Zimt hinein, alsdann nimmt man ein bisschen kalte gekochte Milch, schlägt von 4 Eiern die Dotter hinein, quirlt dieses fein, dann nimmt man die kochende Milch, gießt diese unter die zerschlagenen Eier, und richtet sie über in Scheiben geschnittene Semmeln an.

19. Schokoladen-Suppe. Zu 1 Nösel Milch gießt man ebenso viel Wasser, und macht es kochend, dann gibt man 8 Loth Schokolade und 4 Loth Zucker hinein, lässt dieses aufsieden und richtet sie über in Würfel geschnittene Semmeln an.

20. Eingebrannte Suppe. Hiezu wird Mehl in Butter oder Fett schön gelb geröstet, dann mit siedendem Wasser oder mit Fleischbrühe aufgekocht, ein wenig Kümmel, Salz, Pfeffer und Ingwer dazugetan, und wenn solches ein paar Mal aufgekocht hat, über fein geschnittenes Brot angerichtet.

21. Suppe von Haferkorn. ¼ Pfund gelesener und rein gewaschener Haferkorn wird mit 1 Maaß Wasser und einem Stückchen Butter auf das Feuer gesetzt, und wenn solches eingekocht hat, mit guter Fleischbrühe verdünnt, noch 1 Stunde gekocht, und alsdann durch einen feinen Durchschlag gerieben. Nun verdünnt man sie mit Fleischbrühe zu der Dicke eines Gerstenschleims, erhält sie bis zum Anrichten heiß, und würzt sie mit Muskate.

22. KIRSCH-SUPPE. ¼ Pfund Kirschen werden in einem Mörser ganz fein gestoßen, dann tut man sie in einen Topf, gießt 1 Nösel Wasser darauf und lässt sie eine ½ Stunde kochen, alsdann rührt man sie durch einen Durchschlag, gibt 1 Nösel roten Wein, 6 Loth Zucker, ¼ Loth Zimt hinzu, lässt es glühend werden, und richtet es über in Butter geröstete Semmelwürfel an.

23. MUS-SUPPE. Man nimmt 1 Pfund Mus, 1 Maaß Wasser, setzt es aufs Feuer, und lässt es eine ¼ Stunde kochen, nun quirlt man es ganz fein, rührt es durch einen Durchschlag, dann gießt man 1 Nösel roten Wein, 8 Loth Zucker, ¼ Loth Zimt dazu, setzt es wieder auf das Feuer, lässt es wieder aufsieden, nimmt 4 Loth Butter, röstet in Würfel geschnittene Semmeln darin, gießt die Suppe darüber und richtet sie an.

24. HAGEBUTTEN-SUPPE. 1 Pfund Hagebutten werden mit 1 Maaß Wasser ans Feuer gesetzt. Wenn sie eine ½ Stunde gekocht haben, rührt man sie durch einen Durchschlag, tut dann 1 Nösel Rheinwein, 8 Loth Zucker, ¼ Loth Zimt hinzu, lässt dieses wieder glühend werden, und richtet sie dann über in Streifen geschnittenen Biskuit oder Zuckerplätzchen an.

25. WEIN-SUPPE. Man nimmt 1 Maaß Wein, 8 Loth Zucker, 4 Loth reine frische Butter und macht es glühend, aber ja nicht kochend, dann nimmt man ½ Nösel abgekochte kalte Milch, schlägt von 4 Eiern die Dotter hinein, quirlt es ganz fein, nimmt dann den glühenden Wein, gießt ihn unter die in Milch zerschlagenen Eier, und richtet ihn dann über in Würfel geschnittene Semmeln an.

26. WEISSBIER-SUPPE. Man nimmt 1 Maaß Bier, setzt es aufs Feuer, und wenn es anfängt zu schäumen, macht man den Schaum ab, nimmt 6 Loth Zucker, reibt ihn an einer Zitrone ab, tut 1 Messerspitze Salz, ebenso viel Zimt, 4 Loth frische Butter hinein, lässt es kochen, nimmt dann ½ Nösel abgekochte kalte Milch, schlägt von 4 Eiern die Dotter dazu, quirlt es, gießt das kochende Bier in die in Milch zerschlagenen Eier, und richtet die Suppe über in Würfel geschnittenes Brot an.

27. BRAUNBIER-SUPPE. Man nimmt ½ Pfund alte Brotrinde, 3 Nösel Bier, ein Stückchen Zimt, und kocht es eine ½ Stunde, dann rührt man es durch einen feinen Durchschlag, tut 4 Loth Butter, 8 Loth Zucker, 1 Messerspitze Salz hinzu, lässt es dann wieder aufkochen und richtet sie an.

28. KREBS-SUPPE. Nachdem man ½ Schock Krebse aus den Schalen gebrochen, die Nasen abgeputzt und zurückgelegt, die Beine und übrigen Schalen in einem Mörser zerstoßen, auch das Fleisch aus den Schwänzen genommen, und den schwammigsten Körper der Krebse ganz weggeworfen hat, zerlässt man ¼ Pfund Butter in einer Kasserolle, wirft die klein gestoßenen Krebsschalen dazu und lässt solche auf gelindem Feuer so lange damit schwitzen, bis sie zu schäumen anfangen. Dann gießt man kochendes Wasser dazu, lässt sie damit noch kochen, rührt alsdann alles durch einen Durchschlag und drückt es gut aus. Wenn es kalt geworden ist, wird die rote Butter abgenommen, die Hälfte derselben mit 2 Esslöffeln voll Mehl in einen Tiegel getan und geröstet, schüttet dann gute Fleischbrühe darauf, und lässt es wieder aufkochen.

29. Wurzel-Suppe. 1 Sellerie-, Petersilien- oder Porreewurzel, einige Kartoffeln nebst einigen Karotten kocht man in Fleischbrühe, rührt sie dann durch einen Durchschlag, und richtet sie über geröstete Brotschnittchen an.

30. Erbsen-Suppe. Nachdem man 1 Nösel Erbsen gelesen und gewaschen hat, setzt man sie mit 3 Nösel Wasser aufs Feuer, und lässt sie recht weich kochen. Dann rührt man sie mit etwas Fleischbrühe durch einen Durchschlag, tut Salz hinzu, lässt sie wieder aufkochen und bratet Semmelwürfel in Butter, welche man kurz vor dem Anrichten hinzutut.

Eingelegtes zu Suppen

1. Butterklösschen. Wenn man 6 Stück große Semmeln gerieben hat, nimmt man 3 Eier, ¼ Pfund frische Butter, etwas Salz und geriebene Muskate, rührt dieses untereinander, und macht davon einen Teig, aus dem man kleine runde Klößchen formt. Sie dürfen nicht länger als 5 Minuten kochen, sonst werden sie hart. Man kann sie zur Suppe in Fleischbrühe und auch in Blumenkohl kochen.

2. Griesklösschen. Man nimmt 1 Nösel feinen Gries, ¼ Pfund Butter, 3 Eier, ein bisschen Salz und Muskatennuss, rührt dieses untereinander und formt es zu kleinen Klößchen, welche man dann in die kochende Fleischbrühe tut und eine ¼ Stunde lang kochen lässt.

3. Leberklösschen. Man hackt eine Kalbsleber, nachdem sie zuvor sauber gewaschen und abgehäutet ist, recht fein; reibt dann Semmeln, welche man in fein geschnittenem Speck röstet, nimmt dann Eier, etwas Muskate und Salz, rührt dieses untereinander und formt Klößchen so groß wie man sie haben will, welche man in kochende Fleischbrühe legt, wo sie eine ¼ Stunde kochen müssen, und dann angerichtet werden können.

4. Kalbfleischklösschen. Man löst das Fleisch von der Kalbskarbonade, wäscht es in lauwarmem Wasser, und hackt es ganz fein; nimmt einige Eier, etwas geriebene Muskate und ein wenig Salz dazu, vermischt dieses mit Semmelkrumen und macht kleine Klößchen daraus. Sobald die Fleischbrühe kocht, legt man sie hinein und lässt sie eine ¼ Stunde kochen.

5. Kartoffelklösschen. Wenn die Kartoffeln gekocht sind, werden sie geschält, und wenn sie kalt sind, auf dem Reibeisen gerieben; dann werden so viele Eier daran geschlagen, als sie annehmen, und ein wenig Salz und Muskate hinzugetan. Aus dieser Masse, die sehr gut untereinander gemacht werden muss, formt man Klößchen, und bäckt sie in Butter schön gelb. Dann legt man sie in kochende Fleischbrühe und lässt sie 10 Minuten lang kochen.

6. Reisklösschen. 1 Pfund Reis wird gelesen und gewaschen, in einen Topf mit kaltem Wasser auf das Feuer gesetzt; wenn er anfängt zu schäumen, schüttet man das Wasser davon ab, gießt ihn nochmals mit kaltem Wasser ab; schüttet dann 1 Maaß kochende Milch darauf, lässt ihn in derselben tüchtig ausquellen, tut ihn dann in eine Schüssel und lässt ihn erkalten. Dann gibt man 4 Loth Butter, 5 Eier, fein geschnittene Zitronenschale, Zimt und etwas Salz dazu und macht davon kleine Klößchen, welche man in kochende Fleischbrühe legt und 10 Minuten lang kochen lässt.

7. Semmelklösschen. Man schneidet für 1 Groschen Semmeln, weicht sie in 1 Nösel süßen Rahm und lässt sie in demselben aufquellen; dann tut man 3 Eier, ein wenig Muskate und 1 Messerspitze Salz hinzu, und macht davon kleine Klößchen, welche man in kochende Fleischbrühe tut und 5 Minuten lang kochen lässt.

8. Gehirnklösschen. Ein ganzes Kalbsgehirn wäscht und häutet man ganz sauber ab, dann wäscht man es noch einmal und lässt es ganz rein ablaufen. Alsdann wird es mit ½ Nösel süßem Rahm, 2 Eiern, etwas Salz und Muskate in eine Schüssel getan, alles tüchtig mit einem Kochlöffel untereinander gerührt und nach und nach etwas weißes Mehl hinzugetan, bis es zu einem Teig wird, aus dem man kleine Klößchen formt, welche man in die kochende Fleischbrühe legt und eine ¼ Stunde lang kochen lässt.

KALTESCHALEN

1. BIER-KALTESCHALE. Wenn man altes Brot gerieben hat, wäscht man kleine Rosinen recht rein; reibt dann an einer Zitrone 1 Stück Zucker ab, tut etwas gestoßenen Zimt hinzu, schüttet dann das Bier darauf, und lässt es ein Weilchen stehen, dann ist die Kaltschale fertig.

2. KIRSCHEN-KALTESCHALE. Gute reife Sauerkirschen werden, nachdem sie gewaschen sind, ohne Wasser aufs Feuer gesetzt, und eine ½ Stunde lang gekocht; dann durch einen Durchschlag durchgeschlagen, mit Zucker und Zimt versüßt, und nachdem man sie hat erkalten lassen, über geröstete Semmelwürfel angerichtet.

3. HEIDELBEEREN-KALTESCHALE. 1 Maaß frische Heidelbeeren werden rein gewaschen, ohne Wasser auf das Feuer gesetzt und ganz weich gekocht, dann durch einen Durchschlag gerieben, mit 1 Nösel roten Wein verdünnt, mit Zucker und Zimt gewürzt und über geröstete Semmelscheiben angerichtet.

4. WEINBEEREN-KALTESCHALE. Man nimmt einen Sauermilchklumpen und 1 Nösel süßen Rahm, und rührt dieses recht untereinander, schüttet dann 3 Nösel abgekochte kalte Milch dazu, tut ¼ Pfund Zucker, ¼ Loth Zimt dazu, und quirlt dieses recht tüchtig. Alsdann pflückt man Weinbeeren ab, welche man mit Wasser abgießt, und in eine Schüssel tut, schüttet dann die

Masse darüber, und stellt sie bis zum Anrichten an einen kühlen Ort.

5. Erdbeeren-Kalteschale. Man nimmt 1 Nösel süßen Rahm und 1 Maaß abgekochte kalte Milch, alsdann reibt man ¼ Pfund Zucker an einer Zitrone ab, tut ¼ Loth Zimt dazu, und quirlt dieses untereinander. Dann tut man die Erdbeeren in eine Schüssel, gießt die Masse darüber und stellt sie bis zum Anrichten an einen kühlen Ort.

6. Pflaumen-Kalteschale. Nachdem man die Pflaumen gewaschen hat, macht man die Kerne heraus, kocht sie ohne Wasser mit einem Stückchen Zitronenschale weich, reibt sie hernach durch einen Durchschlag, tut Zucker, Zimt und in Butter geröstete Semmelscheiben hinein, dass sie erweichen, und stellt sie an einen kühlen Ort.

7. Äpfel-Kalteschale. Man schneidet Borsdorfer Äpfel mit der Schale ganz klein, kocht sie mit ein klein wenig Wasser, einem Stückchen Zitronenschale ganz weich, rührt sie dann durch einen Durchschlag, verdünnt sie mit Wein, so viel man nehmen will, versüßt sie mit Zimt und Zucker, schüttet sie dann über gerösteten Zwieback und stellt sie an einen kühlen Ort.

8. Himbeeren-Kalteschale. Nachdem die Himbeeren gelesen und gewaschen sind, lässt man sie recht rein ablaufen, tut sie in einen Tiegel, und kocht sie ohne Wasser eine ½ Stunde lang; dann rührt man sie durch einen Durchschlag, tut Zucker und Zimt hinzu und bringt sie an einen kalten Ort.

9. Kalteschale von dicker Milch. Man reibt altes schwarzes Brot, vermischt es mit Zucker und Zimt, tut ein paar Esslöffel voll Rum unter die dicke Milch, und schüttet sie über das vermischte Brot.

10. Kalteschale von Buttermilch. ½ Nösel Milch und 4 Eidotter quirlt man unter 1 Maaß Buttermilch, schneidet von schwarzem Brote Würfel, welche man in Butter röstet, schüttet die Masse darüber, und bestreut sie mit Zucker und Zimt.

11. Bretzel-Kalteschale. Man nimmt alte Bretzeln, schneidet sie in kleine Stückchen, und schüttet 1 Stunde vor dem Essen Weißbier darauf, damit sie ausquellen; dann tut man geriebenen Zucker, gestoßenen Zimt, Zitronenscheiben und rein gewaschene kleine Rosinen dazu, und richtet sie gleich an. – Wenn man will, kann man auch etwas weißen Wein dazunehmen.

12. Kalteschale von Zitronen. Man nimmt zu 1 Maaß Kalteschale die eine Hälfte Wein, die andere Weißbier, 3 Eidotter, die abgeriebene Schale einer Zitrone, den ausgepressten Saft davon und nach Belieben Zucker. Den Wein lässt man mit dem Biere glühend werden, die Eidotter schlägt man in einen Topf, quirlt sie mit 1 Löffel kaltem Wasser, gibt dann den glühenden Wein unter beständigem Rühren zu den zerschlagenen Eiern und lässt ihn erkalten. Sobald die Masse kalt ist, wird Zwieback hineingetan.

GEMÜSE und KARTOFFELSPEISEN

Gemüse

1. Blatt-Kohl. Nachdem man ihn rein gelesen hat, wird er geschnitten und recht rein gewaschen. Hierauf tut man ihn in kochendes Wasser, und wenn er weich gekocht ist, brüht man ihn ab; am besten durch einen Durchschlag, damit er recht rein ablaufen kann. Alsdann nimmt man Speck oder Fett, röstet einige Löffel Mehl mit einer fein geschnittenen Zwiebel darin schön gelb, tut dieses mit Fleischbrühe an den Kohl, lässt ihn wieder aufkochen, würzt ihn mit etwas Pfeffer und richtet ihn an.

2. Grüne Erbsen. Man nimmt 1 Maaß grüne Erbsen, liest und wäscht sie, tut sie dann in 1 Maaß kochendes Wasser und lässt sie weich kochen. Alsdann röstet man Semmelwürfel in Butter gelb, tut fein gehackte Petersilie, etwas geriebene Muskate und ein klein wenig Salz hinzu, lässt sie dann nur einmal wieder aufkochen und richtet sie an. – Es können entweder Fleischklößchen oder Bratwürste dazugegeben werden.

3. Geschmorte grüne Erbsen. ½ Pfund frische Butter lässt man ihn einem Tiegel zergehn, tut dann 1 Maaß gelesene und gewaschene Erbsen in die zergangene Butter, und lässt sie unter öfterem Umschwenken eine ½ Stunde lang schmoren, streut dann Semmelkrume darauf, und wenn diese geröstet sind, schwenkt man sie um, schüttet ein wenig Fleischbrühe, etwas Salz und fein gehackte Petersilie hinzu, lässt sie noch einmal aufkochen, und würzt sie beim Anrichten mit Muskate.

4. Grüne Erbsen mit Spargel. Wenn die Erbsen gelesen und gewaschen sind, so tut man sie in kochende Rindfleischbrühe und lässt sie 1 Stunde lang kochen. Wenn sie weich sind, so tut man den Spargel, der vorher in einem besonderen Topfe in Wasser weich gekocht sein muss, hinzu, das Wasser muss aber davon abgegossen werden. Dann röstet man Semmelwürfel in Butter, gibt fein gehackte Petersilie dazu, lässt sie aber ja nur einmal aufkochen, und bereibt sie beim Anrichten mit Muskate.

5. Grüne Erbsen mit Karotten. Die Erbsen werden gelesen und gewaschen, die Karotten werden fein geschabt, in dünne Scheibchen geschnitten, ebenfalls gewaschen und mit den Erbsen zugleich in kochende Fleischbrühe getan; wenn sie nun 1 Stunde gekocht haben, so werden geriebene, in Butter geröstete Semmeln und fein gehackte Petersilie hinzugetan. – Man lässt sie nur einmal wieder aufkochen, und bereibt sie dann mit Muskate.

6. Grüne Erbsen mit Semmelklösschen. Man setzt einen Topf Wasser aufs Feuer, und wenn dieses kocht, tut man die gelesenen und gewaschenen Erbsen hinein, und lässt sie eine ½ Stunde kochen. Unterdessen macht man von 1 Nösel Milch, für 1 Groschen Semmeln, welche man in Würfel schneidet und in die Milch weicht, ¼ Pfund Butter, 4 Eier, 1 Teelöffel voll Salz und ein wenig geriebene Muskate daran, rührt dieses untereinander, nimmt Mehl so viel wie nötig ist, macht einen Teig davon, formt dann Klöße von mittlerer Größe, tut sie in die kochenden Erbsen, und lässt sie eine ¼ Stunde lang kochen. Alsdann werden kurz vor dem Anrichten in Butter geröstete Semmelwürfel nebst gehackter Petersilie und ein wenig Salz hinzugetan; und wenn es einmal aufgekocht hat, wird es angerichtet und mit Muskate berieben.

7. Eingemachte Erbsen zu kochen. Die Erbsen werden gewaschen, dann in kochendes Wasser getan, und wenn sie weich gekocht sind, wird das Wasser davon abgegossen. Dann werden in Butter geröstete Semmelkrumen hinzugetan, und kräftige Fleischbrühe darüber gegossen. Hierauf kommen klein geschnittene Möhrchen und fein gehackte Petersilie hinzu und dieses lässt man zusammen gar kochen. – Man kann Rindfleisch oder eingepökelte Zunge dazugeben.

8. Eingemachte grüne Bohnen zu kochen. Die Bohnen werden 1 Stunde lang eingewässert, dann durch einen Durchschlag das Wasser abgegossen; hierauf tut man sie in kochendes Wasser und lässt sie weich kochen, und wenn sie ganz weich sind, brüht man sie ab und lässt sie recht rein ablaufen. Alsdann lässt man ¼ Pfund Butter in einem Tiegel zergehen, röstet halb Semmelkrume, halb Mehl darin ganz gelb, vermischt es dann mit Fleischbrühe, tut es zu den Bohnen mit etwas klar gehackter Petersilie, etwas Pfeffer, und lässt dieses zusammen aufkochen. – Man kann Rindfleisch oder Hammelbraten dazugeben.

9. Gemüse von Garten-Salat. Man nimmt die größten und festesten Häupte und schneidet sie in 4 Stücken, wäscht sie und tut sie in kochendes Wasser. Wenn sie eine ½ Stunde gekocht haben, brüht man sie durch einen Durchschlag und lässt sie recht rein ablaufen. Dann nimmt man ein Stück frische Butter, röstet Semmelkrumen darin, gießt etwas Fleischbrühe zu den gerösteten Semmeln, schüttet es über den Salat, schwenkt es dann behutsam, damit er nicht zerfällt, setzt es dann aufs Feuer, dass es wieder aufkocht und bestreut es beim Anrichten mit etwas gestoßenem Pfeffer.

10. Gedämpfte Birnen. Ungefähr 8 große Kochbirnen werden geschält, in Viertel geschnitten und von den Kriebsen gesäubert. Dann tut man sie in einen Topf mit 1 Viertel Zucker, ½ Nösel Wasser, 2 Nelken und einem Stückchen Zimt, deckt es gut zu, setzt es auf Kohlenfeuer oder in einen Kochofen, und lässt es gelinde kochen. Ehe man sie anrichten will, tut man ¼ Nösel roten Wein hinzu, schwenkt sie untereinander und richtet sie dann an. – Es können Pfannkuchen dazugegeben werden.

11. Frische Morcheln als Gemüse. Hierzu werden gewöhnlich die großen genommen. Die Stiele werden davon abgeputzt, die Morcheln in kochendem Wasser abgebrüht, dann mehrmals mit kaltem Wasser abgewaschen und die Sandsteinchen herausgeputzt; hierauf die Morcheln in einem Tiegel in Butter geschmort, Petersilie und einige Löffel voll Semmelkrume, Muskate und etwas Salz dazugetan; dann Fleischbrühe zugegossen und zu einer sämigen Sauce gekocht. – Man kann Rindfleisch dazugeben.

12. Gemüse von Äpfeln und Zwiebeln. Die Äpfel werden geschält, die Kriebse herausgemacht, und in kleine Stückchen geschnitten. Dann nimmt man ebenso viel Zwiebeln, schält und schneidet sie in Stückchen, tut beides in einen Topf, legt ein Stückchen Schweinefleisch darauf, schüttet Wasser daran, dass es darüber geht, tut etwas Salz hinzu, setzt es aufs Feuer, und lässt es ganz weich kochen. Alsdann röstet man Semmelkrumen in Butter ganz gelb, tut sie hinzu, lässt es wieder aufkochen und richtet es dann an.

13. Kartoffel-Gemüse. Man schält und schneidet rohe Kartoffeln in kleine Stücke, tut alsdann Butter in einen Topf, dämpft daran eine Zwiebel gelb, tut dann die Kartoffeln, klein gehackte Petersilie, Salz und Pfeffer dazu, und gießt nur so viel Wasser oder Fleischbrühe daran, dass es nicht ganz darüber geht. Während des Kochens darf man es nicht viel umrühren. Wenn sie weich sind, gießt man noch etwas Brühe hinzu, reibt Muskatennuss darauf und richtet es dann an.

14. Geröstete Kartoffeln. Nachdem die Kartoffeln abgekocht, geschält und in Scheiben geschnitten sind, lässt man Butter in einem Tiegel zergehn, und dämpft darin eine fein geschnittene Zwiebel. Dann tut man die Kartoffeln nebst Salz dazu, und lässt dies zusammen rösten, bis sie eine schöne gelbe Kruste haben.

15. Weisse Bohnen. Man quellt sie des Abends zuvor in Wasser ein. Des Morgens wäscht man sie heraus, und setzt sie mit kaltem Wasser auf. Wenn sie weich gekocht sind, schüttet man die Brühe davon ab, gießt Schweine- oder Hammelfleischbrühe daran, und lässt sie wieder kochen. Alsdann lässt man Speck zergehn, röstet 1 Löffel weißes Mehl mit einer fein geschnittenen Zwiebel darin gelb, tut es zu den Bohnen mit etwas Pfeffer, schwenkt sie unterein-ander, kocht sie wieder auf und richtet sie an.

16. Dürre Erbsen auf gewöhnliche Art. Nachdem sie gelesen sind, quellt man sie des Abends zuvor in Wasser ein. Des Morgens wäscht man sie heraus, tut sie in einen Topf, und schüttet den Topf voll kaltes Wasser, dass sie gehörig darin ausquellen können, und setzt sie dann aufs Feuer. Wenn sie eine ½ Stunde gekocht haben, tut man ein Stückchen Schweinefleisch hinein, und kocht es mit den Erbsen gar. Nun nimmt man Butter, röstet ein paar Löffel Mehl mit einer Zwiebel gelb, tut dies hinzu, salzt sie, lässt sie wieder aufkochen, quirlt sie untereinander und richtet sie an.

17. Linsen. Wenn sie gelesen und mit warmem Wasser gewaschen sind, setzt man sie mit kaltem Wasser zum Feuer. Wenn sie eine ½ Stunde gekocht haben, gießt man die Brühe davon ab, schüttet kochende Schweinefleischbrühe darauf und kocht sie ganz weich. Nun nimmt man Butter, röstet ein paar Löffel Mehl mit einer Zwiebel dunkelgelb, tut dies zu den Linsen, lässt sie wieder aufkochen, quirlt sie dann, und richtet an. – Man kann Schweinefleisch, Bratwürste oder Rotwurst dazugeben.

18. Gemüse von Brunnenkresse für Kranke. Nachdem man die Brunnenkresse gelesen, geschnitten und gewaschen hat, lässt man sie recht rein ablaufen. Dann tut man Butter in einen Tiegel, lässt sie zergehn, tut die Brunnenkresse hinein und lässt sie zugedeckt weich dämpfen, dann streut man Semmelkrume darauf, dass sie mit röstet, schüttet ein wenig Fleischbrühe dazu, schwenkt es um, lässt es wieder aufkochen und gibt sie zu Tisch.

19. Grüne Bohnen. Diese Bohnen befreit man von den Kuppen und Fasern, und schneidet sie in länglich feine Stückchen. Dann werden sie gewaschen und mit 1 Handvoll Salz in kochendes Wasser getan, wo sie kochen müssen, bis sie weich sind. Dann gießt man das Wasser davon ab, lässt in kleine Würfel geschnittenen Speck in einem Tiegel zergehn, röstet 2 Löffel Mehl mit einer Zwiebel darin gelb, tut dieses mit Fleischbrühe an die Bohnen, und kocht sie ganz kurz. Beim Anrichten bestreut man sie mit etwas Pfeffer.

20. Blumenkohl. Man schneidet den Blumenkohl in mehrere Stücke, schält und wäscht ihn, bringt ihn dann in kochendes Wasser, und lässt ihn eine ¼ Stunde kochen. Dann wird er in einen Durchschlag getan, damit er rein ablaufen kann. Hierauf werden in Butter geröstete Semmelkrumen hinzugetan, man lässt ihn mit etwas Rindfleischbrüh verdünnt einmal wieder aufkochen, und bereibt ihn beim Anrichten mit Muskate.

21. BLUMENKOHL MIT WEIN-SAUCE. Der Blumenkohl wird, wie vorhin beschrieben, in Stückchen geteilt, geschält und gewaschen, in kochendes Wasser getan, eine ¼ Stunde gekocht und dann abgegossen. Nun schlägt man von 10 Eiern die Dotter in einen Topf, tut ¼ Pfund Zucker, 1 Nösel Rheinwein, ½ Nösel süßen Rahm hinzu, und quirlt es tüchtig untereinander, schüttet dann die Masse in einen Kasserol, setzt sie auf Kohlen, und quirlt so lange, bis es glühend ist, denn kochen darf man es ja nicht lassen. Nun wird der abgelaufene Blumenkohl in eine Schüssel gelegt und die glühende Sauce darüber gegossen.

22. PUFFBOHNEN-GEMÜSE. Wenn man von diesen Bohnen die Kuppen abgemacht hat, werden sie gewaschen, und mit 1 Handvoll Salz in kochendes Wasser getan und gekocht. Wenn sie weich sind, wird die Brühe davon abgegossen. Dann schneidet man kleine Würfel von Speck, röstet ein paar Löffel Mehl mit einer geschnittenen Zwiebel darin gelb, tut dieses mit etwas Fleischbrühe zusammen, schwenkt sie untereinander und lässt sie aufkochen, dass die Brühe recht sämig wird. Schweinefleisch oder Schinken passt sich zu diesem Gerichte am besten.

23. WIRSINGKOHL. Von dem Wirsingkohl werden die groben Blätter abgemacht, die harten Rippen herausgeschnitten, in Viertel geteilt und gewaschen. Alsdann kommt er in kochendes Wasser, worin er so lange kochen muss, bis er weich ist. Nachher wird er durch einen Durchschlag gegossen, dass er recht ablaufen kann. Dann tut man ihn in einen Topf, röstet in Butter Semmelkrumen schön gelb, tut sie hinzu, verdünnt ihn mit fetter Rindfleischbrühe, gibt etwas Nelkenpfeffer, und wenn die Brühe nicht gesalzen war, Salz hinzu, lässt ihn, nachdem man ihn umgeschwenkt hat, wieder aufkochen, und richtet an. – Es kann Rind- oder Hammelfleisch dazugegeben werden.

24. Gemüse von Kartoffeln, Sellerie und Porree. Wenn man die Kartoffeln und den Sellerie geschält und in Scheiben, den Porree länglich geschnitten hat, wird alles zusammen gewaschen in kochende Fleischbrüh getan, wo es kochen muss, bis es weich ist. Hernach röstet man in Butter 1 Löffel Mehl und etwas Semmelkrume schön gelb, tut dieses hinzu, lässt es aufkochen und bereibt es mit Muskate.

25. Kohlrüben. Man schält die Kohlrüben, teilt sie in 8 Teile, und schneidet dünne Scheiben daraus, tut sie dann in eine Schüssel, bestreut sie mit 1 Handvoll Salz, mengt sie untereinander, und lässt sie eine ½ Stunde stehen. Alsdann werden sie gewaschen, in kochende Fleischbrühe getan und weich gekocht. Dann nimmt man Butter, brennt Mehl nebst einer Zwiebel darin ein, und tut dieses hinzu, rührt sie untereinander und kocht sie ganz kurz.

26. Kohlrabi. Wenn man die Kohlrabi geschält hat, teilt man sie in Viertel, und schneidet dünne Stückchen daraus, dann streut man Salz darauf, mengt sie untereinander und lässt sie eine ½ Stunde stehen; dann werden sie gewaschen und in kochendes Wasser getan, wo sie solange kochen müssen bis sie weich sind. Dann gießt man das Wasser davon ab, röstet Semmelkrume in Butter gelb, tut dies mit etwas Rindfleischbrüh und ein wenig feinen Pfeffer hinzu, rührt sie untereinander, lässt sie noch einmal aufkochen und bereibt sie beim Anrichten mit Muskate.

27. Gemüse von Spargel. Man nimmt ganz dicken Spargel und schält die äußere Schale ab, wäscht ihn und kocht ihn in Rindfleischbrüh weich, dann röstet man Semmelkrume in Butter gelb, tut diese mit fein gehackter Petersilie und etwas geriebner Muskate hinzu, lässt es noch einmal aufkochen und richtet es über Rindfleisch an.

28. Spinat. Wenn man ihn rein gelesen und die groben Stiele abgeschnitten hat, wird er klein geschnitten und dann recht rein gewaschen. Dann tut man ihn in kochendes Wasser und wenn er weich gekocht ist, gießt man ihn durch einen Durchschlag und lässt ihn recht rein ablaufen. Alsdann nimmt man Butter, röstet halb Semmelkrume, halb Mehl darin, tut dieses mit etwas Fleischbrühe an den Spinat, rührt ihn gut um, lässt ihn wieder aufkochen, und bestreut ihn beim Anrichten mit etwas Pfeffer.

29. Zuckerschoten. Von den Schoten werden die Kuppen und die Fasern abgemacht, und sie dann sauber gewaschen. Dann tut man Butter in einen Tiegel und wenn sie zergangen ist, kommen die Zuckerschoten hinein, und werden so lange gedämpft, bis sie weich sind. Dann werden Semmelkrumen darauf gestreut und wenn sie etwas geröstet sind, schwenkt man sie um, tut fein gehackte Petersilie mit Rindfleischbrüh hinzu, nicht zu viel, dass die Brühe kurz wird, lässt sie noch einmal aufkochen, würzt sie mit Muskate und richtet sie mit Rindfleisch an.

30. Pastinaken. Diese werden rein abgeschabt oder geschält, länglich geschnitten, dann gewaschen, in kochende Fleischbrüh getan und weich gekocht. Dann werden Semmelkrumen in Butter geröstet hinzugetan, man schwenkt sie dann um und kocht sie kurz auf. Beim Anrichten wird Muskate darauf gerieben.

31. Möhren mit Kartoffeln. Man schabt die Möhren, und schneidet sie in dünne Streifen, wäscht sie und tut sie in kochende Rind- oder Hammelfleischbrüh und kocht sie. Wenn sie eine ½ Stunde gekocht haben, schält man kleine Kartoffeln, wäscht sie und tut sie zu den Möhren und lässt dieses zugedeckt ganz weich kochen. Dann nimmt man in Würfel geschnittenen Speck, röstet ein paar Löffel Mehl darin mit einer Zwiebel, tut dieses, nachdem es gelbbraun geröstet ist, hinzu, rührt es untereinander, lässt es wieder aufkochen und richtet es zu Rind- oder Hammelfleisch an.

32. Weisskraut. Man macht die groben Blätter davon ab, schneidet es dann klein, wäscht es, tut es in kochendes Wasser und kocht es weich. Dann gießt man das Wasser davon ab, röstet halb Semmelkrume, halb Mehl in Butter gelb, tut dieses mit Fleischbrühe an das Kraut, und kocht es ganz kurz. Beim Anrichten bereibt man es mit Muskate.

33. Sauerkraut. Es wird in einen Topf getan, und Wasser darauf geschüttet, so viel, dass es über das Kraut weggeht, setzt es dann aufs Feuer, und wenn es 1 Stunde gekocht hat, tut man Schweinefleisch hinein und lässt es in dem Kraute gar kochen. Nachher nimmt man Butter, röstet einige Löffel Mehl mit einer Zwiebel gelbbraun, tut dies hinzu, rührt es tüchtig untereinander und lässt es wieder aufkochen, dann ist es fertig.

34. Sauerkraut in Häuptchen oder Kompst. Man schneidet die Häuptchen in Viertel, tut sie in einen Topf, schüttet so viel Wasser darauf, dass es darüber geht, legt etwas Schweinefleisch darauf, setzt sie dann aufs Feuer, und lässt sie 2 Stunden lang kochen, nachdem man ein wenig Salz hinzugetan hat. Nun schneidet man Speck in kleine Würfel, lässt ihn in einem Tiegel zergehn, röstet ein paar Löffel Mehl mit einer geschnittenen Zwiebel darin schön gelb, gibt dieses zu den Kompst, schwenkt ihn tüchtig durcheinander, lässt ihn wieder aufkochen und gibt ihn dann zum Tisch.

35. Weisse Rüben. Nachdem man sie geschält hat, werden sie in kleine Würfel geschnitten und gewaschen, dann in kochende Fleischbrüh getan und gekocht. Wenn sie weich sind, nimmt man Butter, röstet halb Semmelkrume, halb Mehl darin schön gelb, gibt dieses mit etwas geriebener Muskate an die Rüben, schwenkt sie untereinander, lässt sie wieder aufkochen, und gibt sie mit Rindfleisch zum Tisch.

36. Gemüse von Erbsen, Puffbohnen, Karotten und Kartoffeln. Ein thüringisches Gericht. Man nimmt ½ Pfund Butter und lässt sie in einem Tiegel zergehen, tut dann 1 Nösel grüne Erbsen und Karotten, welche man in gliedslange dünne Streifen geschnitten hat und kleine roh geschälte Kartoffeln hinzu. Ganz junge Puffbohnen werden gekippt, gewaschen, in ein besonderes Töpfchen in kochendes Wasser getan und weich gekocht. Dann wird das Wasser davon abgegossen, die Puffbohnen ebenfalls zu dem andern Gemüse getan und alles zusammen weich geschmort. Nachdem sie 1 Stunde in der Butter gekocht haben, streut man Semmelkrumen und etwas Salz darauf, und lässt es so lange schmoren, bis die Semmelkrumen anfangen gelb zu werden. Dann kömmt fein gehackte Petersilie und ein wenig Fleischbrüh hinzu, man schwenkt es dann um und lässt es wieder aufkochen. – Man kann entweder Fleischklößchen oder Bratwürste dazugeben.

BRATEN

1. GÄNSE ZU BRATEN. Nachdem die Gans geschlachtet, gerupft, gesengt und mit Weizenkleie oder Schrot in heißem Wasser abgerieben ist, wird sie in frisches Wasser getan und tüchtig abgewaschen, und dann auf das untere Teil in ein Gefäß gestellt, wo sie 6 Stunden stehen kann, dass sie recht erkaltet. Wenn sie nun ganz erkaltet ist, wird sie ausgenommen; das Fett muss aber gleich in frisches Wasser getan werden, tüchtig abgewaschen, in einen Durchschlag getan, damit es rein abläuft, und wenn es möglich ist, muss es denselben Tag noch ausgebraten werden. Wenn die Gans nun ausgenommen ist, schneidet man Hals und Flügel ab, und hängt den Braten einige Tage an die Luft. Wenn sie gebraten werden soll, wird sie mehrmals mit frischem Wasser ausgewaschen, etwas Salz eingerieben, mit Borsdorfer Äpfeln ausgefüllt, und mit einem Pflöckchen zugesteckt, in die Pfanne gelegt, 1 Maaß Wasser hineingegossen, und 3 volle Stunden recht langsam gebraten, bis sie schön gelb ist.

2. EINEN TRUTHAHN ZU BRATEN. Nachdem der Truthahn geschlachtet ist, wird er einem Stocke tüchtig gebläut, dann gerupft und gebrüht, ausgenommen und einige Tage an die Luft gehängt, alsdann hackt man das ausgenommene Herz, Leber und Magen recht klein, nimmt etliche Eier, Butter und Semmelkrumen hinzu, mengt dies mit etwas Salz und Muskate untereinander, dass es ein Teig wird und füllt den Kropf des Truthahns damit. Dann wird er in die Pfanne gelegt und 1 Maaß Wasser hinzugegossen; hierauf belegt man ihn mit Zitronenscheiben, tut etwas Nelken hinzu, begießt den Braten alle ½ Stunden, und wenn er 4 Stunden gebraten hat und recht schön gelb ist, kann er aufgetragen werden.

3. KRAMMETSVÖGEL ZU BRATEN. Die Vögel werden gerupft, aber nicht ausgenommen, weil die Wachholderbeeren, die sie bei sich haben, ihnen einen angenehmen Geschmack geben. Dann werden sie gewaschen, die Köpfchen unter die Flügel gesteckt und mit Butter und etwas Salz in einen Tiegel getan, mit einem passenden Deckel zugedeckt und 1 Stunde gebraten, bis sie schön gelb sind. Man kann klein abgesottene Kartoffeln dazugeben.

4. BRATWURSTKLÖSSCHEN ZU MACHEN. Man nimmt gehacktes Schweinefleisch, einige Eier, geriebene Semmeln, etwas Zitronenschale, Pfeffer, Salz, Kümmel, mengt alles tüchtig untereinander und formt breite Klößchen, welche man auf beiden Seiten recht gelb in Butter bratet. Man kann Gartensalat oder auch Kartoffelsalat dazugeben.

5. GÄNSELEBER ZU DÄMPFEN. Die Leber wird sauber gewaschen, dann mit Nelken besteckt, in Scheiben geschnitten, in Mehl umgewendet, und in einem Tiegel in Butter gedämpft, bis sie ganz gelb ist. Man kann Blaukohl dazugeben.

6. Rebhühner zu dämpfen. Die Rebhühner werden gerupft, ausgenommen, dann gewaschen, mit Speck gespickt, in einen Tiegel getan, Zitronenscheiben und ganze Nelken, eine Brotrinde, halb Essig und halb Wasser hinzugegossen, und nachdem sie mit einem passenden Deckel zugedeckt worden sind, in einen Bratofen oder auf Kohlenfeuer 1 Stunde lang gedämpft, bis sie schön gelb sind. Man kann Gurken- oder Gartensalat dazugeben.

7. Lerchen zu braten. Die Lerchen werden gerupft, aber nicht ausgenommen, dann gewaschen, die Köpfchen unter die Flügel gesteckt und in einem Tiegel in Butter gelb gebraten. Man kann abgekochte Kartoffeln dazugeben.

8. Tauben zuzubereiten. Wenn die Tauben geschlachtet sind, werden sie ausgenommen, das Herz, der Magen und die Leber davon werden klein gehackt, mit Semmelkrumen, Eiern, Muskate, Butter und Salz zu einem Teige vermengt und die Tauben damit gefüllt. Dann lässt man Butter in einem Tiegel zergehen, legt die Tauben nebeneinander hinein, und dämpft sie auf Kohlenfeuer ganz langsam gar. Man kann gebackne Birnen dazugeben.

9. Enten zu dämpfen. Nachdem die Enten geschlachtet sind, werden sie gerupft, gebrüht, ausgenommen, tüchtig gewaschen und inwendig mit einem Wenig Salz eingerieben, dann macht man Fülle, nimmt die Leber, die man herausgenommen hat, hackt sie ganz fein, nimmt kleine Rosinen, gehackte Mandeln, Semmelkrumen, Eier, Butter, etwas Salz und Zucker, macht davon einen Teig und füllt die Enten damit. Dann nimmt man ein Stück Butter, tut es in einen Schmortopf, legt die Enten hinein, setzt sie aufs Kohlenfeuer, und wendet sie immer um, bis sie gelb find, doch muss man genau achtgeben, dass die Butter nicht braun wird. Dann werden einige Scheiben Zitronen, 1 Stück Zucker, eine weiße Brotrinde, ½ Nösel Wein, ein klein bisschen Salz hineingetan, der Tiegel gut zugedeckt und oben ebenso viel Kohlen hingetan, als unten sind. Wenn sie 1½ Stunden gedämpft haben, so sind sie gut und können zu Tisch gegeben werden, die Sauce gießt man durch einen Durchschlag. Man kann süßen Salat dazugeben.

10. Enten zu braten. Sie werden ebenso wie die Gänse zubereitet; nachdem sie geschlachtet sind, werden sie gerupft, gebrüht, mit Kleie in heißem Wasser abgerieben, dann ausgenommen und in kaltem Wasser ordentlich ausgewaschen, mit Salz inwendig ausgerieben, mit Borsdorfer Äpfeln gefüllt und mit einem Pflöckchen zugesteckt. Dann werden sie in eine Pfanne gelegt, 1 Nösel Wasser hineingegossen und bei gelindem Feuer 2 Stunden gebraten, doch müssen sie alle ½ Stunden begossen und alle Stunden gewendet werden. Man kann warmen Krautsalat dazugeben.

11. Schweinekarbonade zu braten. Die Karbonade wird in Stückchen geschnitten, tüchtig geklopft und gewaschen. Nun nimmt man ein paar Eier und Semmelkrumen, rührt dies mit Salz untereinander, wendet die Karbonade darin um, und bratet sie dann mit Butter in einem Tiegel schön gelb. Man kann Gartensalat dazugeben.

12. Rippenbraten. Dieser Braten wird aus dem Salze herausgenommen, tüchtig abgewaschen, in eine Pfanne gelegt und mit Wasser eine ½ Stunde gekocht. Dann wird er in der Pfanne etwas hoch gelegt, mit Semmelkrumen bestreut und noch 1 Stunde gebraten, doch muss er alle ½ Stunden umgewendet und alle ¼ Stunden mit der eigenen Sauce begossen werden. Es können entweder Pfeffergurken oder Gemüse von Spinat dazugegeben werden.

13. Saurer Rindsbraten. Man nimmt 6 bis 8 Pfd. Rindfleisch, wozu man die ganze Spitze wählt, bläut sie mit einer Keule recht mürbe, nimmt ganze Nelken und steckt sie hinein, tut sie dann in ein Gefäß und schüttet Essig darauf, dass er drüber geht, stellt das Fleisch dann an einen kühlen Ort und lässt es 6 Tage stehen, doch muss es alle Tage umgewendet werden. Wenn es gebraten werden soll, wird es aus dem Essig herausgenommen, aber nicht abgewaschen; dann wird es mit Speck gespickt, auch das obere Teil mit Brotrinde bestreut und mit Zitronenscheiben belegt, auf eine Bratenleiter in die Bratpfanne gelegt, ½ Nösel Essig und 1 Nösel Wasser in die Bratpfanne gegossen, dann in die Bratröhre gesetzt, und wenn es 1½ Stunden gebraten hat, wird der Braten umgewendet und wieder mit Brot bestreut, dann mit Zitronenscheiben belegt, und lässt ihn hierauf wieder 1½ Stunden braten und trägt ihn dann auf. Die Sauce kann man erst durch einen Durchschlag gießen.

14. Saure Schweinskeule zu braten. Nachdem man die Schwarte von der Keule abgelöst hat, wird sie ganz leicht mit Salz eingerieben, und wenn sie 2 Tage in Salz gelegen hat, schüttet man Essig darüber, dass er darüber weggeht, lässt sie 4 Tage in denselbem liegen und wendet sie alle Tage um. Alsdann wird sie mit dem Essig, worin sie gelegen hat, abgewaschen, in eine Bratpfanne und Zitronenscheiben darauf gelegt, 1½ Nösel Wasser und ½ Nösel Essig daran gegossen, hierauf wird sie in die Bratröhre gesetzt. Wenn sie anfängt zu braten, so begießt man sie öfters mit der eigenen Sauce, tut eine Brotrinde hinein, und wenn sie 3 Stunden gebraten hat, so kann sie angerichtet werden. Es kann Gartensalat dazugegeben werden.

15. Saurer Kalbsbraten. Die Kalbskeule wird gehäutet, in Essig gelegt, sodass er darüber weggeht; nachdem sie 6 Tage darin gelegen hat und alle Tage umgewendet worden ist, wird sie mit dem Essig, in welchem sie gelegen, gewaschen, mit Speck gespickt und mit ganzen Nelken besteckt, dann mit geriebenem Brote oder Semmelkrumen bestreut, mit Zitronenschieben belegt, auf eine Bratleiter in die Pfanne gelegt, 1½ Nösel Wasser und ½ Nösel Essig daran gegossen, dann in die Bratröhre gesetzt, und wenn sie eine ½ Stunde gebraten hat, wird der Braten mit Butterstückchen belegt, und alle ½ Stunden mit der eigenen Sauce begossen, bis er 3 Stunden gebraten hat, dann ist er gar und kann aufgetragen werden. Man kann gewelkte Zwetschen dazugeben.

16. Schöpskeulen zu braten. Der Braten wird tüchtig geklopft, gehäutet, mit Schalotten gespickt, dann mit Salz eingerieben, in die Pfanne auf eine Leiter gelegt, 1 Maaß Wasser daran gegossen und in die Bratröhre gesetzt; wenn er bratet, kann man eine Brotrinde hineintun, und ihn alle ½ Stunden mit derselben Sauce begießen; wenn er 3 volle Stunden gebraten hat, kann er aufgetragen werden. Es kann Krautsalat mit Sellerie dazugegeben werden.

17. Frische Schweinskeule zu braten. Man reibt die Keule mit Salz ein, legt sie in die Pfanne auf die Schwartenseite, schüttet 1 Maaß Wasser darauf und setzt sie in die Bratröhre. Wenn sie 1 Stunde gebraten hat, hebt man ganz langsam die Schwarte ab, nimmt dann 1 Handvoll geriebene Brotrinde, ½ Viertel Zucker, ½ Loth Zimt, mischt dieses untereinander, streut es auf den Braten

½ Finger stark, und lässt ihn bei langsamem Feuer noch 2 Stunden braten, damit er eine Kruste bekömmt. Man kann Gurkensalat dazugeben.

18. Wildpretsbraten zu bereiten. Dieser Braten muss im Winter 8 und im Sommer 4 Tage liegen, dann wird er gehäutet, gewaschen und tüchtig mit Speck gespickt, in die Pfanne gelegt, mit geriebenem Brote bestreut, mit Zitronenscheiben belegt, eine Brotrinde und ganze Nelken hineingetan und ungefähr 1 Maaß Wasser daran gegossen. Wenn er bratet, belegt man ihn alle ½ Stunden mit Butterstückchen, bis er 3 Stunden lang gebraten hat; dann ist er gar und kann aufgetragen werden. Es kann Salat von Hagebutten und Rosinen dazugegeben werden.

19. Hasen zu braten. Wenn der Hase abgezogen worden ist und einige Tage an der Luft gehangen hat, wird er gehäutet, dann öfters gewaschen, mit Speck gespickt, geriebenes Brot darauf gestreut und mit Zitronenscheiben und Stückchen Butter belegt, dann in die Pfanne etwas hoch gelegt und 1 Maaß Wasser hineingegossen, doch muss die Sauce scharf gesalzen werden und sehr kurz und dick sein, der Braten sehr fleißig begossen und alle ½ Stunden mit Butter belegt werden. Eine Brotrinde darf man nicht vergessen in die Sauce zu tun, denn dadurch wird sie kurz und braun. Nachdem der Hase 2 Stunden gebraten hat, kann er angerichtet werden. Man kann Mehlbeeren dazugeben.

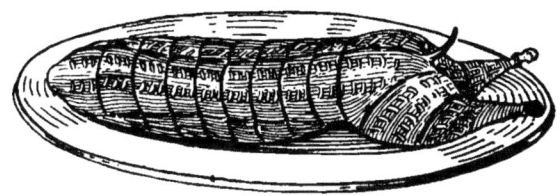

20. Saurer Wildpretsbraten. Man nimmt ein Stück Rehrücken, häutet ihn, legt ihn 8 Tage in Essig und wendet ihn alle Tage um. Wenn er zubereitet werden soll, wird er aus dem Essig herausgewaschen, mit Speck gespickt, geriebenes Brot darauf gestreut und mit Zitronenscheiben belegt. Wenn er in die Pfanne gelegt ist, wird ½ Nösel Essig und 1½ Nösel Wasser hineingegossen. Man belegt ihn öfters mit Butter und begießt ihn fleißig, tut eine Brotrinde hinein und bratet ihn 3 Stunden.

Saucen

Saucen

1. Rosinen-Sauce. Man röstet ein paar Löffel Mehl mit einem Stückchen Butter gelb, gießt 1½ Nösel Fleischbrüh und ½ Nösel Essig hinzu, gibt ¼ Pfund gelesene und gewaschene Rosinen, die Schale einer halben Zitrone, 2 Loth abgezogene und fein gehackte Mandeln mit 1 Stück Zucker hinzu, kocht die Sauce eine ½ Stunde und gibt sie über Rindfleisch.

2. Rosinen-Sauce über Kalbfleisch. Ein ¼ Pfund kleine Rosinen werden gelesen, recht rein gewaschen, dann 1 Zitrone in Scheiben geschnitten, ½ Viertel fein gehackte Mandeln, 4 Loth weißer Zucker zusammen in einen Topf getan und 1 Nösel Fleischbrühe darauf gegossen, diese aufs Feuer gesetzt und 1 Stunde gekocht. Dann werden in Butter geröstete Semmelkrumen hinzugetan, und wenn sie wieder aufgekocht hat, kann sie angerichtet werden.

3. Majoran- oder thüringisch: Meihral-Sauce. Man nimmt einige Bündelchen Meihral, trocknet ihn in der Röhre (Ofen) oder in der Sonne, reibt ihn dann in der Hand ganz klar, röstet Semmelkrumen in Butter, tut sie hinzu, schüttet Fleischbrüh darauf, lässt sie aufkochen und richtet sie über Kalbsfüße oder Kalbfleisch an.

4. Eier-Sauce. Man nimmt 10 Stück Eidotter und quirlt sie in 1 Nösel Kalbfleischbrühe, tut 6 Loth Zucker und ¼ Nösel guten Weinessig hinzu, quirlt es tüchtig untereinander, tut es in ein Kasserol, setzt es auf Kohlen und quirlt es so lange, bis es glühend wird, richtet es dann über Kalbsgekröse oder gekochtem Kalbfleisch an.

5. Schaum-Sauce von Wein. Man schlägt 6 Eidotter in einen Maaßtopf und quirlt nach und nach 1 Nösel Wein hinzu, reibt dann an einer Zitrone ¼ Pfund Zucker ab, gibt es hinzu, setzt es auf Kohlen und quirlt es so lange, bis es anfängt zu steigen, wo sie dann zu Pudding gegeben wird.

6. Zwiebel-Sauce. 6 bis 8 Stück Zwiebeln werden geschält, in Stückchen geschnitten, mit fetter Fleischbrühe gar gekocht, mit gereinigtem Kümmel zusammengetan und weich gekocht, dann werden geriebene und in Butter geröstete Semmeln hinzugetan, und wenn es wieder aufgekocht hat, zu Hammelfleisch gegeben.

7. Kräuter-Sauce. Man nimmt einige klar geschnittene Schalottenzwiebeln, einige gewöhnliche Zwiebeln, Basilikum, Thymian, Dragon, Lorbeerblätter, 1 Scheibe Zitrone, etwas Pfeffer, tut alles in ein Kasserol, gießt einige Löffel Fleischbrühe und etwas Essig hinzu, kocht alles zusammen 1 Stunde und schlägt dann diese Sauce durch einen Durchschlag. Man gibt sie zu Rindfleisch.

8. Hagebutten-Sauce. 1 Nösel gesäuberte Hagebutten, welche aber ganz reif sein müssen, kocht man recht weich, rührt sie dann durch einen Durchschlag, dass die Schalen zurückbleiben, tut das Mark davon in einen Tiegel, schüttet ½ Nösel Wein hinzu, reibt das Gelbe von einer Zitrone an einem Stück Zucker ab, tut es mit gestoßenem Zimt hinzu und kocht sie auf Kohlen auf. Man kann Pfannkuchen dazugeben.

9. Zitronen-Sauce. Man nimmt ein Stückchen Butter, röstet 1 Löffel weißes Mehl darin gelb, gießt ein Nösel Rheinwein und ½ Nösel Wasser dazu und lässt dieses kochen, unterdessen reibt man das Gelbe einer Zitrone auf einem Stück Zucker ab, gibt dieses nebst dem Saft an die Sauce, quirlt 4 Eidotter mit ein paar Löffel voll Wein, quirlt solche mit der kochenden Sauce, lässt sie auf Kohlen unter beständigem Quirlen anziehen und richtet sie über Kalbfleisch an.

10. Schokoladen-Sauce. Nachdem man 4 Eidotter, ein Stückchen Butter, 8 Loth geriebene Schokolade gut durchgerührt hat, gibt man noch Wein mit etwas Wasser hinzu, tut alles zusammen in ein Kasserol, und lässt es langsam sämig kochen, zuletzt tut man noch Zucker hinzu. Diese Sauce wird zu Pudding gegeben.

11. Wein-Sauce. Man nimmt 1 Nösel Rheinwein, 6 Eidotter, ¼ Pfund an einer Zitrone abgeriebenen weißen Zucker, 1 Teelöffel voll weißes Mehl, tut alles zusammen in einen Topf, quirlt es ganz fein untereinander, schüttet es in ein Kasserol, setzt auf Kohlen und quirlt es so lange, bis es anfängt glühend zu werden, wo es dann über dicken abgesottenen Spargel gegossen und aufgetragen wird.

12. Stachelbeer-Sauce. Man nimmt Stachelbeeren, die noch nicht völlig reif sind, macht die Blumen und Stiele ab, gießt kochendes Wasser darauf und lässt sie darin erkalten. Dann setzt man sie in kochendem Wasser mit Zucker auf langsames Feuer. Wenn sie weich genug sind, so quirlt man 3 Eidotter und 1 Teelöffel Mehl in etwas Rheinwein und gießt dies zu den kochenden Stachelbeeren, schwenkt sie recht um und richtet sie über Federvieh an.

13. Kapern-Sauce zu Kalbfleisch. Nachdem man 1 Löffel Mehl in einem Stück Butter gelb geröstet hat, tut man ein paar Esslöffel voll Kapern hinein, gießt 1 Maaß Fleischbrühe dazu und kocht sie 1 Stunde. Wenn man anrichten will, quirlt man sie mit 3 Eidottern ab.

14. Senf-Sauce. Man röstet geriebene Semmeln in Butter und wenn sie ganz gelb ist, tut man den Senf dazu, gießt Fleischbrühe und etwas Weinessig daran, tut 1 Stückchen Zucker hinein und kocht es zusammen auf. Diese Sauce wird zu Rindfleisch oder zu Rindszunge gegeben.

15. Zwiebel-Sauce. Man schält einige Stück Zwiebeln, reinigt und wäscht etwas Kümmel, tut beides in einen Topf, schüttet fette Fleischbrühe darauf und kocht es gar. Alsdann werden Semmelkrumen in Butter geröstet, hinzugetan und zu einer sämigen Sauce aufgekocht. Diese Sauce wird zu Hammelfleisch gegeben.

16. Mandel-Sauce. 6 Loth süße Mandeln werden abgezogen, und mit einem Wenig Milch in einen Mörser ganz fein zerstoßen, dann quirlt man 6 Eidotter mit 1 Nösel süßen Rahm hinzu, tut 1 Stückchen Zucker darein und lässt die Sauce unter beständigem Umrühren glühend werden, aber ja nicht kochen. Man kann sie zu verschiedenen Mehlspeisen geben.

17. Spargel-Sauce. Der Spargel wird geschält, in Stückchen geschnitten, mit Fleischbrüh aufs Feuer gesetzt und gekocht. Wenn er weich ist, werden Semmelkrumen in Butter geröstet und mit gehackter Petersilie hinzugetan, dann muss er wieder aufkochen und zu Rindfleisch gegeben werden.

18. Mus-Sauce. 1 Pfund Mus wird in einen Topf getan, 1 Nösel Wasser darauf gegossen und eine ½ Stunde gekocht, dann wird es durch einen Durchschlag gerieben, ½ Nösel roter Wein, Zucker, Zimt und Zitronenschale hinzugetan, und wenn sie dann wieder aufgekocht hat, kann sie zu Pfannkuchen oder Klößen gegeben werden.

19. Kirsch-Sauce. Nachdem man einige Pfund Kirschen mit den Kernen in einem Mörser zerstoßen hat, kocht man sie in 1 Nösel Wasser 1 Stunde und schüttet sie dann durch ein Sieb. Wenn es durchgerührt ist, tut man 1 Nösel roten Wein, an einer Zitrone abgeriebenen Zucker nebst Zimt hinzu und kocht dieses zusammen auf. Nun rührt man 1 Löffel voll Kartoffelmehl mit etwas kaltem Wasser flüssig und gibt es unter beständigem Quirlen dazu. Diese Sauce gibt man zu kalten Sachen und Puddings.

20. Sauce von Himbeeren. Die Himbeeren werden durch ein Tuch gedrückt, den Saft davon kocht man mit Zucker, Zimt und einem Glase voll Wein, rührt Kartoffelmehl in etwas kaltem Wasser ein und gießt dieses hinzu, um es sämig zu machen. Diese Sauce kann zu Puddings gegeben werden.

21. Pflaumen-Sauce. Nachdem man die Pflaumen in kochendem Wasser einige Zeit hat ziehen lassen, häutet man sie ab, und macht die Kerne aus, dann tut man sie in einen Topf und kocht sie. Wenn sie weich sind, so quirlt man sie klein und gibt etwas roten Wein, Zucker und Zimt hinzu. Wenn sie noch nicht sämig genug ist, nimmt man ein Stückchen Butter und röstet 1 Löffel weißes Mehl darin gelb, tut es hinzu und lässt sie wieder aufkochen. Diese Sauce kann man zu Pfannkuchen, Klößen und Puddings geben.

22. Saure Gurken-Sauce über Kalbfleisch. Mehrere Stück Gurken werden in Scheiben geschnitten und in kochende Fleischbrüh getan und wenn sie weich gekocht sind, werden in Butter ganz gelb geröstete Semmelkrumen hinzugetan mit etwas gestoßenen Ingwer, man lässt sie dann wieder aufkochen und gibt sie zum Tisch.

23. Sauce von sauren Rahm. Man nimmt Butter, ein paar Eidotter, etwas Mehl, ein wenig Milch und ein kleines bisschen Salz, und rührt alles gut durcheinander. Dann setzt man es auf Kohlen und rührt so lange, bis es glühend ist, denn kochen darf es ja nicht. Diese Sauce wird zu Kalbsbrust oder zum Spargel gegeben.

24. Meerrettich-Sauce über Rindfleisch. Wenn der Meerrettich abgeschält ist, so wird er gerieben und mit Semmelkrumen vermischt, dann in einen Topf und etwas weißer Zucker hinzugetan, kochende Fleischbrühe darüber gegossen und auf das Feuer gesetzt. In einem andern Topf quirlt man einige Eidotter in etwas süßer Milch oder Sahne, und wenn der Meerrettich einmal aufgekocht hat, wird er unter die Eier gequirlt und angerichtet.

25. Sellerie-Sauce zu Rindfleisch. Man nimmt einige Stauden Sellerie, putzt sie recht rein ab, schneidet sie in Scheiben, wäscht sie ebenfalls ab und tut sie in kochende Fleischbrüh, und wenn sie weich gekocht sind, röstet man Semmelkrumen in Butter schön gelb, tut sie hinzu, lässt sie wieder aufkochen und bereibt sie beim Anrichten mit Muskate.

26. Herings-Sauce über Rind- oder Kalbfleisch. Man nimmt einige Stück Heringe, wäscht sie recht rein ab, schält die Schale ab, befreit das Fleisch von Gräten und hackt es ganz fein, nimmt dann ein Stück Butter, röstet einige Löffel Mehl ganz gelb, tut alles zusammen in einen Tiegel, tut 1 Stückchen weißen Zucker dazu mit etwas Fleischbrühe und einem Wenig Essig, lässt alles zusammen aufkochen und richtet es an.

27. Kümmel-Sauce. Der Kümmel wird rein gelesen und gewaschen, mit Fleischbrüh aufs Feuer gesetzt und weich gekocht. Dann röstet man Semmelkrumen in Butter gelb, tut sie hinzu, lässt sie wieder aufkochen, und richtet sie über Rind- oder Hammelfleisch an.

28. Petersilien-Sauce zu Rindfleisch. Man nimmt ein paar Hände voll Petersilie, liest und wäscht sie recht rein, hackt oder schneidet sie klein, röstet geriebene Semmeln in Butter gelb und wendet sie darin um, gießt dann gute Fleischbrühe hinzu und kocht es zusammen auf.

29. Weisse Sardellen-Sauce. Die Sardellen werden gewaschen, von den Gräten gereinigt, dann recht klar gehackt. Nun nimmt man Butter, röstet Semmelkrumen darin, gibt sie hinzu, gießt halb Essig, halb Fleischbrüh mit 1 Stück Zucker hinzu, lässt alles zusammen langsam auf-kochen, und richtet sie über Rindfleisch an.

30. Braune Sardellen-Sauce. Nachdem man die Sardellen gewaschen und von den Gräten gereinigt hat, hackt man sie recht fein, röstet Mehl in Butter ganz dun-kelbraun, gibt etwas Sirup dazu, schüttet etwas Essig und Fleischbrühe darüber, lässt es aufkochen und richtet es über Rindfleisch an.

Milch-, Mehl- und Eierspeisen

1. Mehlklösse. In 1 Quart Milch quirlt man kalt 3 Eier, dann weicht man 1 Reihe in Würfel geschnittene Semmeln und eine ganz fein gehackte Zwiebel hinein. Ferner röstet man noch 1 Reihe Semmeln oder auch 4 Franzbrötchen in ½ Pfund Speck oder Butter, je nachdem man eins oder das andere lieber isst, und wirft dies nebst etwas Salz und so viel Mehl hinzu, bis es einen Teig gibt, den man mit dem Kochlöffel ausstechen kann. Wenn man anfängt den Teig zu machen, setze man einen großen Topf mit 4 bis 5 Quart Wasser auf; der Topf darf jedoch vom Wasser nur kaum bis etwas über die Hälfte gefüllt sein. Wenn das Wasser im vollen Kochen ist, lege man die in der Hand geformten und vorher in Mehl umgewandten Klöße behutsam hinein. Es muss ein rasches Feuer unter dem Topfe sein, dass sie gleich ins Kochen kommen. Man hüte sich jedoch, die Klöße nicht eher mit dem Löffel umzurühren, bis sie im vollen Kochen sind. Man kann annehmen, dass sie eine ¼ Stunde kochen müssen. Wenn sie gar sind, nimmt man sie mit dem Löffel heraus und legt sie auf eine Schüssel. – Man kann eine süße Sauce darüber machen oder geschmortes Obst dazugeben. Auch kann man sie zu Kalbs-, Schweine- und Hammelbraten als Gemüse geben.

2. Kartoffelklösse. Man nimmt 1 Mandel großer Kartoffeln und kocht sie den Tag vorher ab, dann schält man sie. Am andern Tage reibt man sie; ferner reibt man 2 Reihen alte Semmeln und röstet sie in ½ Pfund frischer Butter. Nach diesem macht man aus den geriebenen Kartoffeln, den gerösteten Semmeln, 6 Eiern und ½ Nösel Milch nebst einem Wenig Salz einen Teig. Darauf sticht man mit einem Löffel so viel Teig, als jedes Mal ein Kloß groß werden soll, heraus, formt ihn in der Hand und wendet ihn im Mehl um. Man hat ebenfalls, wie bei den Mehlklößen, einen Topf mit Wasser aufs Feuer gestellt, und wenn das Wasser kocht, legt man die Klöße hinein. Sie brauchen nur 10 Minuten zu kochen. Zum Anrichten gießt man braune Butter darüber.

3. Dieselben auf eine andere Art. Zu 8 großen gekochten und geriebenen Kartoffeln nimmt man 1 Reihe geriebene Semmeln, 5 Eier, etwas Muskatnuss und Salz, knetet davon einen ganz festen Teig, und formt Klöße daraus. Dann nimmt man einen eisernen Tiegel oder Schaffen, lässt darin etwas Butter oder Fett zergehen, legt so viel Klöße, als bequem darin Raum haben, hinein, und röstet sie, indem man sie beständig über dem Feuer herumschüttelt, dass sie nicht anbacken. Wenn sie fertig geröstet sind, kocht man sie auf obige Weise ab. – Man gibt abgekochtes Obst dazu; auch schmecken sie zu sauern Rehbraten gut.

4. Kartoffelklösse von rohen Kartoffeln. 1 Mandel großer roher Kartoffeln werden geschält, sauber abgewaschen und auf einem Reibeisen gerieben. Nachdem sie eine Nacht gestanden haben, gießt man sie in einen Durchschlag, dass die Kartoffelbrühe abläuft. Sodann nimmt man 1 Reihe in Würfel geschnittener und in Butter gerösteter Semmeln, 5 Eier, etwas Salz, und knetet aus diesem mit den Kartoffeln einen festen Teig. Man macht, wie bei den früheren, Klöße daraus und lässt sie in siedendem Wasser aufwallen. Es kömmt braune Butter darüber.

5. Hefenklösse. Man setzt das nach Anzahl der Personen nötige feine Mehl in einer Schüssel auf dem warmen Ofen, rührt nach einiger Zeit 2 bis 3 Löffel gewässerte Hefe nebst warmer Milch an das Mehl, und macht einen nicht zu starken Teig davon. Nachdem man Klöße daraus geformt und in Mehl umgewandt hat, stellt man sie wieder auf den warmen Ofen, dass sie aufgehen; sind sie hinlänglich gestiegen, so werden sie in siedendem Wasser gar gekocht. Man kann braune Butter oder auch eingemachte Früchte dazugeben.

6. Markklösschen. ¼ Pfund gutes frisches Rindsmark zerlässt man über dem Feuer, rührt 2 Löffel feines Mehl oder die Krume von einem alten Franzbrötchen, etwas Salz, geriebene Muskatnuss nebst einigen Eiern daran, und formt aus diesem Teig kleine Klößchen, welche man eine ¼ Stunde in Fleischbrühe kochen lässt. Sie werden in der Suppe oder auch zu grünen Erbsen, Blumenkohl und ander mehr gegessen. Fleisch- Gries-, Reis- und Gehirn-Klößchen siehe Seite 21–23. Bratwurstklößchen oder Frikadellen siehe Seite 42.

7. Mehlbrei. In 1 Quart kochender Milch quirlt man so viel weißes Mehl hinzu, dass ein dicklicher Brei daraus entsteht, tut etwas Butter und ein wenig Salz daran, und übergießt den Brei beim Anrichten mit brauner Butter.

8. Auf eine andere Art. Man zerlässt in einem Topf 1 Weck Butter, tut so viel Mehl daran, dass die Butter ganz ins Mehl hineinzieht, und quirlt dann warme Milch dazu. Beim Anrichten wird er mit Zucker und Zimt überstreut und mit brauner Butter begossen.

9. Reisbrei. Wenn man ½ Pfund guten Reis sorgfältig gelesen und einige Mal in warmem Wasser abgewaschen hat, setzt man ihn mit 5 Nösel Milch und 1 Nösel Wasser aufs Feuer, und lässt ihn so lange kochen, bis es ein dicker Brei geworden ist. Man hüte sich jedoch, ein zu starkes Feuer darunter zu machen, weil er sonst gar zu leicht anbrennt. Kurz vorher, ehe man ihn abnimmt, salze man ihn ein klein wenig. Er wird mit Zucker und Zimt und brauner Butter angerichtet.

10. Reisbrei als Gemüse. Man setzt ebenso viel Reis mit 3 Nösel Fleischbrühe und 3 Nösel Wasser auf, und lässt einen dicken Brei davon kochen. Gewürzt wird er mit Salz, einigen ganzen Pfefferkörnern und Petersilie.

11. Hirsenbrei. Man verfährt beim Hirsenbrei gerade so wie beim süßen Reisbrei, nämlich, dass man ihn in Milch kocht. Nur kurz vorm Anrichten quirlt man ihn mit einigen Eiern und einem Stückchen Butter ab. Er wird mit Zucker, Zimt und brauner Butter angerichtet.

12. Kartoffelbrei. Die Kartoffeln werden roh geschält und in 4 Teile geschnitten, dann setzt man sie mit Wasser, Salz, ganzen Pfefferkörnern, Lorbeerblatt und einigen geviertelten Zwiebeln aufs Feuer, und lässt sie zu einem Brei kochen; wenn sie im stärksten Kochen sind, kann man ein Stückchen Butter oder Rindstalg daran tun. Sie werden mit brauner Butter und darin gebratenen gehackten Zwiebeln übergossen. Auch kann man gehackten Speck und Zwiebeln gebraten darüber gießen.

13. Kartoffelbrei auf andere Art. Man kocht Kartoffeln mit der Schale ab, schält und reibt sie. Darauf quirlt man das Geriebene in 2 bis 3 Quart Milch, salzt es, und wenn es zu einem dicken Brei gekocht ist, rührt man ein Stückchen Butter daran. Angerichtet wird er mit brauner Butter.

14. Griessbrei. In 4 bis 5 Nösel kochender Milch quirlt man so viel feinen Weizengrieß, dass wenn der Grieß aufquillt, der Brei nicht zu dick wird. Etwas Salz und Butter kommt kurz vorher, ehe man ihn vom Feuer abnimmt, hinzu. Er wird mit brauner Butter aufgetragen.

15. Eier zu sieden. Um Eier weich zu sieden, legt man sie rasch nacheinander vorsichtig in kochendes Wasser. Sie bleiben so lang auf dem Feuer, bis man 100 gezählt hat. Hart gekochte Eier kann man je nachdem sie ganz hart werden sollen, 15 bis 20 Minuten auf dem Feuer lassen.

16. Rührei. Man schlägt, nach Anzahl der Personen, 8 bis 12, 16 oder noch mehr Eier in einem Topf, quirlt sie, tut etwas Salz und Schnittlauch daran und schüttet sie in eine Pfanne oder Tiegel, in den man vorher ein großes Stück Butter hat zergehen lassen. Sie werden so lange umgerührt, bis sie gar sind.

17. Rührei mit Cervelatwurst, Bickingen[1]**, Sardellen u.a.m.** Nachdem man die Eier auf obige Art ausgeschlagen und in die Pfanne getan hat, legt man, solange die Eier noch flüssig sind, die in dünne Scheibchen geschnittene Cervelatwurst etc. hinein. Bickinge und Sardellen müssen vorher gereinigt und abgewaschen werden.

18. Rührei auf eine andere Art. Auf 1 Ei nimmt man 1 Löffel voll Mehl und 1 Tassenköpfchen voll Milch, nebst 1 Messerspitze voll Salz, quirlt alles durcheinander und tut diese Masse, wie bei den vorigen, in zerlassene Butter, rührt

---

1   Anm. des Verlags: Hier sind vermutlich Bücklinge (geräucherte Heringe) gemeint.

es so lange herum, bis es gar ist. – In der Kirschenzeit kann man auch Sauerkirschen, nachdem man die Stiele abgemacht und die Kirschen gewaschen hat, hineintun.

19. Auflauf (thüringisch Tischel). Es werden in 1 Maaß Milch 1½ Reihe Semmeln eingeschnitten, 10 Eier dazugeschlagen, 2 oder 3 Messerspitzen voll Salz nebst ¼ Pfund Zucker und etwas Zimt daran getan, und diese ganze Masse in eine mit Butter ausgestrichene Pfanne gegossen. Man schickt diese Pfanne in das Backhaus, oder kann sie selbst in der Bratröhre backen, bis dass sie eine braune Rinde bekömmt.

20. Kalbsaugen oder Spiegeleier. In einem Schaffen oder Tiegel wird Butter heiß gemacht; dann schlägt man so viel Eier nebeneinander Platz haben aus, und bestreuet sie mit etwas Salz. Wenn sie unten anfangen gelbbraun zu werden, nimmt man sie mit einem Schäufelchen heraus, und fährt damit fort, bis man genug hat. – Sie werden zu Spinat und auch zu Blaukohl gegessen.

21. Eier- oder Pfannkuchen. Man nimmt zu 1 Ei 1 Esslöffel voll Mehl, quirlt dieses mit so viel Milch ein, dass es ein dicklich flüssiger Teig wird, tut etwas Salz und fein geschnittenen Schnittlauch daran und bäckt die Pfannkuchen in Butter. Beim Umwenden des Pfannkuchens muss man allemal wieder ein Stückchen Butter in die Pfanne tun.

22. Französische Eier. Es werden Eier hart gekocht, dann geschält, und der Länge nach in der Mitte durchgeschnitten. Ferner nimmt man guten französischen Senf, etwas Zucker, ein klein wenig Mehl nebst ½ Weck Butter und macht eine dicke Sauce davon, indem man alles auf dem Feuer dämpfen lässt. Die durchgeschnitten Eier werden dann mit dieser Sauce dick überstrichen. – Garten- oder Gurkensalat schmecken am besten dazu. Eiergraupen und zerfahrne Eier in die Suppe, siehe Seite 14 und 15.

23. Sauere Eier. Hart gekochte Eier werden geschält und ganz fein gehackt, dann gießt man etwas Weinessig, geschmolzene Butter und ein wenig Salz dazu, und lässt sie auf Kohlen dämpfen.

24. Gebackene Eier. 4 bis 5 Eidotter werden mit 1 Löffel voll Milch, etwas klarem Zucker, einem Stückchen Butter, und einigen geriebenen Semmeln oder Franzbrötchen zu einem Teig gemacht, breit gewelgert, und kleine Plätzchen davon in Butter gebacken.

25. Sool-Eier. Man sticht mit einer Stecknadel 30 bis 40 Löcher in jedes rohe Ei, und legt sie dann 2 Tage lang in einen Topf mit Wasser, in welchem so viel Salz aufgelöst ist, als das Wasser annimmt, dann werden sie wie gewöhnliche harte Eier abgekocht.

Fleischspeisen

FLEISCH ZU KOCHEN UND ZU SCHMOREN

1. RINDFLEISCH ZU KOCHEN. Die besten Stücken am Ochsen zum Kochen sind der Schulterschlag, die Gansespitze[2] und das Schwanzstück. Hat man das Stück Fleisch, welches man kochen will, stark mit einem hölzernen Schlägel geklopft, so setzt man es mit kaltem Wasser und Salz aufs Feuer, und lässt es tüchtig ins Kochen

kommen. Wenn das Fleisch ungefähr eine ¼ Stunde gekocht hat, nimmt man den auf der Brühe schwimmenden schmutzigen Schaum mit einer Schaumkelle ab, und wiederholt dies solange sich noch grauer Schaum darauf zeigt. Dann wirft man einige Zwiebeln, ein Stückchen ganzen Ingwer, eine Selleriewurzel, etwas Porree, einige ganze Pfefferkörner und Lorbeerblätter daran und lässt das Fleisch kochen, bis es weich ist. Man darf aber zuletzt kein zu starkes Feuer darunter machen. – Auf diese Weise gekochtes Fleisch wird nun entweder nach der Suppe mit Senf, eingemachten Gurken etc., oder mit einer der auf Seite 51 bis 57 angeführten Fleisch-Saucen, oder auch mit

---

2   Anm. des Verlags: Hier ist vermutlich die »ganze Spitze« gemeint, die die Autorin im Thüringischen Dialekt in »Gansespitze« umgewandelt hat.

Gemüse aufgetragen. Aus gekochtem Rindfleisch kann man ferner bereiten:

2. Rindfleisch mit saurer Wildpretsauce. Man bereitet aus braungemachtem Mehl, einigen klein gehackten Zwiebeln, ¼ Weck Butter, 1 Handvoll gestoßener Wachholder-Beeren, einigen gerösteten Brotrinden, etwas Fleischbrühe und Weinessig eine braune saure Wildpretsauce, und lässt, wenn die Sauce fertig, dass in Scheiben geschnittene Fleisch 5 bis 10 Minuten nochmals aufkochen. Man kann auch, wer es liebt, eine Zitronenscheibe an die Sauce tun. Ferner bereitet man aus gekochtem Rindfleisch:

3. Mariniertes Rindfleisch. Man kocht 3 bis 4 Eier hart ab, schält sie, zerhackt das Weiße und das Gelbe, jedes besonders. Dann nimmt man nach Verhältnis des Fleisches ½ bis 1 Nösel Essig, quirlt das ganz klar gehackte Gelbe vom Ei daran, dann gießt man etwas gutes Öl, einige ganz fein gehackte Zwiebeln, das klar gehackte Weiße vom Ei, Kapern, einige Nelken, Lorbeerblätter, einige ganze Pfefferkörner etc. hinein; diese ganze Sauce wird kalt zubereitet. Wenn sie fertig ist, legt man das in Scheiben geschnittene Rindfleisch hinein. Im Sommer kann man es 14 Tage bis 3 Wochen darin aufbewahren, sobald man den Einmachtopf immer gut verschlossen hält.

4. Gedämpftes Rindfleisch. Ein Stück Rindfleisch ohne Knochen, welches nicht zu viel Sehnen haben darf, wird, nachdem es stark geklopft ist, mit Speck, ganzem Pfeffer, Nelken und kleinen Schalottenzwiebeln gespickt. Dann schneidet man breite dünne Speckscheiben, legt sie in den Schmortopf, und das Fleisch darauf; sodann bestreuet man das Ganze mit Salz, legt noch einige Zitronenscheiben hinein, und begießt es mit etwas guter Fleischbrühe. Der Topf wird mit einem gut passenden Deckel zugedeckt und in den Bratofen geschoben. In einigen Stunden, wenn das Fleisch gar ist, nimmt man den Topf aus dem Ofen, und sollte die Sauce noch nicht sämig genug sein, so tut man noch 1 Löffel braunes Mehl dazu. Salat oder in Butter gebackene kleine Kartoffeln schmecken am besten dazu.

5. Rindfleisch einzupökeln. Gutes Rindfleisch ohne Knochen wird sauber abgewaschen, mit Salpeter, zerstoßenen Wacholdern und gewöhnlichem Küchensalz eingerieben, und in ein hölzernes Fass, dessen Deckel man beschweren kann, oder auch in einen großen Topf getan. Man muss hauptsächlich viel Sorgfalt auf häufiges Umwenden und frisches Einsalzen verwenden. Man kann es nach 8 Tagen schon als Pökelfleisch essen. Es wird wie frisches Rindfleisch abgekocht.

6. Ochsenzunge. Die Ochsenzunge wird in Salzwasser abgekocht, die Haut abgezogen, und dann die Zunge in kleine Scheiben geschnitten. Man macht die Rosinensauce Nr. 1. Seite 51 darüber.

7. Geräucherte Ochsenzunge wird in Salzwasser mit einigen ganzen Pfefferkörnern und Lorbeerblättern abgekocht, und kalt in Scheiben auf den Tisch gesetzt. Man kann auch aus dieser abgekochten Ochsenzunge

8. Zungen-Salat machen, indem man die Zunge ganz klein schneidet, Essig, Öl, gestoßenen Pfeffer, gehackte Zwiebeln, und je nachdem man es gern isst, auch 1 bis 2 gehackte Sardellen daran tun.

9. Saure Sülzen. Man tut am besten, um die Sülzen oder Rindskaldaunen erst gar zu kochen, wenn man den Topf, nachdem man hinlänglich Wasser und etwas Salz daran getan, ins Backhaus schickt. Sind sie gar, so gießt man das Wasser ab, zerschneidet sie in kleine Stücken, und macht folgende Sauce dazu: Man tut in einen Tiegel ¼ bis ½ Weck Butter, röstet etwas geschnittene Zwiebeln und ein paar Hände voll Mehl oder Semmelkrumen darin braun, tut es sodann in einen größeren Topf, und gießt nach Verhältnis Sülzenbrüh nebst einigen Löffeln voll Weinessig hinzu, und lässt das Ganze nebst den Sülzen nochmals aufkochen. Zu bemerken ist noch, dass die Sülzen, bevor man sie ins Backhaus schickt, stark mit Salz gewaschen werden müssen.

10. Gebackene Kuheuter. Man kocht das Euter in Salz ab, schneidet es in dünne Scheibchen, wendet es in etwas Ei, Semmelkrume nebst Salz um, und bäckt es in Butter.

11. Kalbfleisch zu kochen. Das Kalbfleisch wird ganz

so wie das Rindfleisch gekocht, nur ist zu bemerken, dass wenn das Fleisch von einem gesunden, fetten Kalbe ist, nur 1 Stunde zu kochen braucht. – Aus gekochtem Kalbfleisch bereitet man:

12. Kalbfleisch mit Majoransauce. Siehe Majoransauce Seite 51, Nr. 3. Ferner:

13. Kalbfleisch mit saurer Gurkensauce. Siehe Seite 56, Nr. 22.

14. Kalbfleischfrikassee. Das Kalbfleisch wird mit Salzwasser halb gar gekocht; dann nimmt man es ab und schneidet es in Stücken. Dann setzt man einen Kasserol mit ½ Weck Butter auf Kohlen, legt die geschnittenen Kalbfleisch-Stückchen hinein, gießt nach und nach 1 bis 1½ Nösel Fleischbrühe hinzu, 1 Löffel voll guten Weinessig oder einige Zitronenscheibchen, etwas Muskatenblüte, Kapern, Lorbeerblätter und ein klein wenig Mehl, und lässt das Ganze noch eine ½ bis ¾ Stunden schmoren. – Bloße abgekochte Kartoffeln schmecken am besten dazu.

15. Karbonade von Kalbfleisch wird ganz ähnlich der Schweinefleisch-Karbonade zubereitet, nur muss sie mehr geklopft und mit mehr Butter gebraten werden. Ebenso wird auch die H a m m e l f l e i s c h - K a r b o n a d e zubereitet; man kann einige Schalotten und etwas gestoßenen Kümmel daran tun.

16. Gefüllte Kalbsbrust. Zur Füllung der Kalbsbrust rührt man ¼ Pfund Butter zu Schaum, schlägt 6 bis 7 Eier hinein, 1 Reihe geriebene Semmeln und so viel Milch, dass es ein dicker Brei wird; dann, je nachdem man es gern isst, kleine Rosinen, Zucker, Zimt und ein wenig Salz; auch kann man etwas Muskatenblüte und gehackte Petersilie dazutun. Nun löst man mit einem scharfen Messer die Haut von den Rippen bis an die Schulterknochen, so weit es sich tun lässt; darauf steckt man die Fülle hinein, und nähet mit einem Faden Zwirn außen herum die Haut wieder an das Fleisch. Hierauf legt man in eine Bratpfanne ein Leiterchen, und die gefüllte Kalbsbrust darauf; man begießt und salzt sie, lässt sie ungefähr 1 Stunde kochen, gießt dann die Brühe durch einen Durchschlag und macht die Brust in Butter braun; alsdann gießt man etwas von der Brühe hinzu, ein wenig braunes Mehl, einige Zitronenscheibchen, und wenn man will, ein Glas Wein. Nachdem man sie hat hinlänglich braten lassen, trägt man sie mit Gemüse, Salat oder Kompott auf.

17. Gebratene Kalbsleber. Hat man die Leber gut gehäutet und gewässert, so wird sie mit langen Streifen Speck gespickt und in eine Bratpfanne auf ein Bratenleiterchen gelegt, man tut ½ Weck Butter und 1 Kaffeetasse voll Wasser, nebst einigen geschnittenen Zwiebeln, etwas Nelken und Salz dazu, bedecke den Topf mit einem Deckel und lasse sie braun braten. Nur ist zu bemerken, dass die Leber durch zu langes Braten leicht hart wird, und deshalb vorsichtig dabei umgegangen werden muss.

18. Kalbsleber auf eine andere Art. Man schneidet die Leber, wenn sie wie beim Vorigen gehäutet und gewässert ist, in fingerdicke Scheibchen, wendet sie in einen Teig von Mehl, Ei und etwas Salz um, bestreuet sie dann, aber nur sehr wenig, mit gestoßenem Nelkenpfeffer, und lässt sie in Butter braun braten.

19. Kalbsleber im Netz. Man schabt die Leber dergestalt, dass sie von allen Sehnen und Adern befreit wird, tut sie in einen Topf, gießt 1½ Nösel Milch, 7 Eier, 2 bis 3 geriebene Franzbrötchen, etwas Muskatenblüte und Salz hinzu; auch kann man etwas gehackte Zwiebeln daran tun. Dies alles zusammen rührt man zu einem dünnen Brei.

Das Netz wird vorher tüchtig mit Salz ausgewaschen; dann bestreicht man die innere Seite desselben mit Butter und etwas Nelkenpfeffer, gießt darauf die ganze Lebermasse hinein und bindet oder nähet das Netz oben wieder zu und lässt es in einer Bratpfanne in Butter braun backen.

20. Saure Kalbsleber. Die Leber wird wie bei Nr. 18 geschnitten, in Mehl umgewandt und in Butter bräunlich gebraten, dann gießt man etwas Fleischbrühe und ebenso viel guten Essig hinzu, tut einige Zwiebeln und Nelken daran, und lässt sie in dieser Brühe vollends gar werden. Gesottene Kartoffeln schmecken am besten dazu.

21. Lungenmus oder Haché. Man kocht Kalbslunge, Herz und Milz in Salzwasser ab, zerschneidet es dann in kleine Stücken und hackt es vollends klar. Dann reibe man von einer Zitrone das Gelbe auf einem Reibeisen darüber, tue 2 bis 3 gehackte Zwiebeln, 2 gestoßene Franzbrötchen und etwas Salz hinzu, und lässt das Ganze in etwas Lungenbrühe mit Essig und Gewürz tüchtig aufkochen, sodass es einen dicken Brei gibt. Auch kann man, bevor es ganz fertig gekocht ist, 1 bis 2 Eier daran rühren. Man trägt es entweder in einer Schüssel als Lungenmus auf, und gibt alsdann gebratene oder gesottene Kartoffeln dazu, oder man bäckt ganz dünne Pfannkuchen, bestreicht sie dick mit Lungenmus, rollt sie zusammen und macht die Eiersauce Seite 51, Nr. 4. darüber.

22. Kälbergekröse. Das Gekröse wird 3 oder 4 Mal in warmem Wasser tüchtig mit Salz gescheuert und dann in Salzwasser weich gekocht. Man kann dieselbe Sauce wie beim Vorigen (Nr. 4.) darüber machen, oder man nimmt einige Löffel voll Mehl, und lässt es mit ¼ Weck Butter braun werden, dann gießt man etwas Fleischbrühe oder

Wasser, einige Esslöffel voll guten starken Weinessig nebst Gewürz hinzu, und lässt das in kleine Stückchen geschnittene Gekröse nochmals damit aufkochen.

23. Ragout von kaltem Kalbsbraten. Man schneidet den Kalbsbraten in dünne Scheibchen, zerlässt in einem Tiegel ein Stück Butter, und röstet 1 Löffel gutes weißes Mehl darin. Dann tut man von einer halben Zitrone den Saft, einige Lorbeerblätter, etwas geriebene Muskatennuss, übrig gebliebene Bratenbrühe nebst 1 Löffel voll Weinessig dazu, legt den Braten hinein, deckt den Tiegel oder die Pfanne zu, und lässt das Ganze einige Mal aufkochen.

24. Schweinefleisch zu kochen. Das Schweinefleisch muss, je nachdem es jung oder alt, frisch oder gesalzen ist, kürzere oder längere Zeit kochen. Im Allgemeinen ist zu bemerken, dass Schweinefleisch stärker gesalzen werden

muss als alle anderen Fleischarten. Junges Schweinefleisch ist in 2 Stunden über einem nicht zu starken Feuer gar gekocht.

25. Mariniertes Schweinefleisch. Hat man ein Stück Schweinefleisch, welches halb fett, halb mager ist, recht weich gekocht, so schneidet man dasselbe in dünne Scheibchen, bestreuet es auf beiden Seiten, solange es noch warm ist, mit ganz klar gestoßenem Salz (hüte sich jedoch es zu versalzen), und drückt dann Zitronensaft darüber. Dann wird es in eine Schüssel getan und zugedeckt, und so lässt man es erkalten. Während der Zeit setzt man in einen Topf 1 bis 1½ Nösel Weinessig, in welchem man einige Lorbeerblätter, ganze Pfefferkörner, etliche ganze Nelkchen und ein Stückchen Ingwer getan hat, aufs Feuer und lässt es tüchtig ins Kochen kommen. Dann nimmt man den Topf ab und gießt den Essig warm über das Fleisch. Ist das Fleisch nicht zu fett gewesen, so kann man, ehe man den Essig darüber gießt, ein wenig gutes Mohn- oder Provenceröl daran gießen. Gehackte Zwiebeln, gestoßener Pfeffer, gehackte Sardellen können nach Belieben mehr oder weniger als letzte Würze dazugetan werden. Auf diese Weise mariniertes Fleisch hält sich in einem gut verwahrten Topfe im Keller 14 Tage bis 3 Wochen.

26. Schweinefleisch mit Wildpretsauce. Man setzt das Schweinefleisch, nachdem es gut gewaschen und scharf gesalzen ist, aufs Feuer, und lässt es nur halb gar kochen. Dann nimmt man ein Stück schwarzes Brot, reibt es zu Krume und röstet sie in Butter bräunlich, tut dann etwas klar gehackte Zwiebeln und Speck hinzu, und gießt, wenn das Ganze braun ist, Essig nebst gestoßenen Wachholdern, Pfeffer, Nelken, Lorbeerblätter und einigen Zitronenscheibchen hinzu, verdünnt das Ganze mit Fleischbrühe, und lässt in dieser Sauce das Fleisch vollends gar kochen. Abgesottene Kartoffeln oder Sauerkraut schmecken am besten dazu.

27. Schinken abzukochen. Jeder Schinken, der gut weich gekocht werden soll, muss, nachdem er mit Kleie sauber gescheuert ist, 24 bis 36 Stunden in kaltem Wasser, in welches man ein Weinglas voll reinen Kornbranntwein gegossen hat, aufweichen. Beim Kochen selbst setzt man ihn in einem großen Topfe mit kaltem Wasser, Zwiebeln, 1 Handvoll gewaschenen und gereinigten Kümmel, ganzen Pfefferkörnern und Nelken aufs Feuer. Er kocht in 3 bis 4 Stunden gar. Einen sehr angenehmen Geschmack gibt es dem Schinken, wenn man in das Abkochwasser ebenfalls ein Glas voll Franzbranntwein, vielleicht auch ein wenig Essig getan hat; man kann freilich dann die Schinkenbrühe nicht benutzen. Kocht man den äußerst gesäuberten Schinken ohne Essig und Branntwein ab, so lässt sich die Schinkenbrühe noch zu einer Kartoffelsuppe benutzen.

28. Gebackener Schinken. Soll der Schinken seine ganze Kraft behalten, so wird er gebacken. Man legt ihn wie beim Vorigen in Wasser und säubert ihn; dann macht man einen starken schwarzen Brotteig, und schlägt ihn jedoch nicht zu stark um den Schinken, sodass der Schinken an allen Seiten von Teig bedeckt ist, darauf schickt man ihn ins Backhaus und lässt ihn gar backen. Es wird dann die Rinde davon abgenommen und die Schwarte abgeschält. Auf diese Weise behält er seinen ganzen Saft.

29. Bratwurst. Man nimmt Schweinefleisch von der Keule, hackt es ganz klar, tut etwas Salz, ein klein wenig gestoßene Nelken und etwas klein geschnittene frische Zitronenschale daran. Das Ganze füllt man in gesäuberte Schweinsdärme, stopfe jedoch die Würste nicht zu fest, indem sie beim Braten sonst platzen. Sie werden entweder in Butter, wo man ein wenig Essig hinzugießen kann, oder auf dem Rost gebraten. Hängt man sie 4 bis 6 Tage in den Rauch, so muss man die Enden mit starkem Zwirn oder Bindfaden zubinden. Auch kann man etwas klar gehackten und vorher in Wasser aufgeweichten Knoblauch an die Bratwurstmasse tun.

30. Schweinefleisch mit Klössen und Birnen. Man nimmt zu je 1 Pfund frischen Schweinefleisches 1 Mandel Kochbirnen (am besten sind die sogenannten Blutbirnen), wäscht sie rein ab, schneidet sie in 4 Teile und löst die

Kerne nebst Kuppen heraus. Dann nimmt man einen Topf, in dem Fleisch und Birnen hinlänglich Platz haben, legt unten zuerst Birnen, dann darauf das Schweinefleisch, welches man ein wenig salzt, und zuletzt wieder Birnen darauf, gießt so viel Wasser hinzu, dass es ungefähr 1 Finger hoch über die Birnen weggeht, und wirft einige ganze Nelken daran. Wenn die Brühe einkocht, so muss man immer wieder mit warmem Wasser nachfüllen. Im Anfang hat man gern ein rasches Feuer, später aber nur ganz schwaches dazu. Wenn beides beinahe fertig ist, macht man einige Löffel voll Mehl ganz hochbraun, streut es an die Brühe und lässt es ungefähr noch 10 Minuten kochen. Unterdessen macht man Mehlklöße ganz nach der Seite 59, Nr. 1 angegebenen Weise, und beim Anrichten des Fleisches legt man sie in die Sauce. – Man kann auch Schweinefleisch und Birnen ins Backhaus schicken, und bloß die Klöße zu Hause machen, aber natürlich kann der Bäcker der Speise nicht seine ganze Aufmerksamkeit widmen, und daher kömmt es häufig, dass wenn man anrichten will, beinahe keine Brühe daran ist. Wer gern süße Sauce isst, kann ein wenig geriebenen Braunschweiger Pfefferkuchen zuletzt daran tun.

31. SALZKNOCHEN ODER SCHWEINEFÜSSE. 1) Zu kochen: Dies geschieht auf gewöhnliche Weise; nur müssen sie einige Stunden, bevor man sie aufs Feuer setzt, in kaltes Brunnenwasser gelegt werden, dass der zu starke Salzgeschmack herauszieht. Ganzer Pfeffer, Lorbeerblätter, ein Stückchen Ingwer tut man ans Abkochwasser. Man kann sie auch, wenn sie gut ausgewässert sind, gleich mit Sauerkraut aufsetzen und darin gar kochen lassen; man verfährt im Übrigen damit wie es bei Nr. 33, Seite 38 angegeben ist. 2) Zu backen: Es werden die Schweinsfüße auf obige Weise in Wasser abgekocht; dann löst man das Fleisch von den Knochen ab, bestreicht es mit Butter und wendet es in geriebenen Semmelkrumen um, und lässt sie in der Pfanne braten. Man kann entweder eine süße Sauce darüber geben, oder man trägt sie mit Gemüse auf.

32. Hasenschwarz oder Hasenpfeffer. Wenn man den Hasen zum Braten vorbereitet und zurichtet, so schneidet man Kopf, Hals, Vorder- und Hinterbeine bis ans Kniegelenk (die Keulen nicht mit) ab, nimmt das Herz, Leber und Lunge heraus, wäscht es so lange mit frischem Wasser immer wieder ab, bis es ganz rein und vom Blut gesäubert ist. Darauf legt man oben angegebene Stücke 24 Stunden in guten Weinessig, nebst einigen gequetschten Wachholderbeeren. Will man es nun kochen, so setzt man es mit kaltem Wasser, einigen Tassenköpfchen voll Essig, Wacholderbeeren, Lorbeerblättern, einigen halb durchgeschnittenen Zwiebeln und etwas Salz aufs Feuer und lässt es weich kochen. Unterdessen hat man einige Brotrinden ganz hochbraun geröstet und gestoßen. Diese Krumen werden mit Butter nochmals stark abgedämpft, alsdann einige klar gehackte Zwiebeln ein wenig mit geröstet und zuletzt von der Hasenbrühe so viel dazugegossen, dass es eine sämige Brühe gibt. Diese Sauce gießt man dann in einen größeren Topf, legt das Fleisch mit hinein und lässt es noch einige Male aufwallen. Man kann auch etwas Braunschweiger Pfefferkuchen, einige Zitronenscheibchen und ein wenig Kapern hinzutun. Wer viele Leute am Tische hat, kann, wenn vorauszusehen, dass das Hasenfleisch nicht reicht, 1 oder mehrere Pfund Schweinefleisch gleich mit dem Hasenpfeffer aufsetzen. Abgekochte Kartoffeln schmecken am besten dazu.

33. Gänseschwarz, Gänsepfeffer oder Gänseklein. Beim Schlachten einer Gans fängt man das Blut in einem Töpfchen, in welches man vorher etwas Essig und einige

Messerspitzen voll Salz getan hat, auf und quirlt es so lange, bis es kalt ist, weil sonst das Blut gerinnen und für die Küche untauglich werden würde. Darauf, wenn man die Gans gerupft, gebrüht, über Strohfeuer gesengt, mit Weizenkleie und heißem Wasser gescheuert und ausgenommen hat, schneidet man Kopf, Hals, Flügel und Füße ab, sticht beim Kopf die Augen aus und zieht den Füßen die Haut ab. Von dem Ausgenommenen der Gans benutzt man zum Gänsepfeffer Herz, Leber und Magen; den Magen muss man aufschneiden, ausleeren und die innere Haut abziehen; Herz und Leber muss man gut auswässern. – Dieses alles salzt man ein wenig, wenn man es nicht gleich benutzen will, und stellt es in den Keller. Will man nun den Gänsepfeffer kochen, so wäscht man alles vorher nochmals rein ab, und setzt es mit Wasser und Salz aufs Feuer und lässt es kochen. Wenn es beinahe weich und abgeschäumt ist, tut man einige Zwiebeln, Nelken, Pfeffer, Lorbeerblätter, ein Stückchen Ingwer nebst etwas Essig daran und lässt es dann vollends weich kochen. Die Brühe darüber wird beinahe ebenso wie die über den Hasenpfeffer gemacht, nur dass man das aufgefangene Blut daran tut, wenn die Sauce zur Hälfte fertig ist. Man lässt alles zusammen aufkochen und richtet es an.

34. Huhn mit Reis. Hat man das Huhn geschlachtet, gebrüht, gerupft, ausgenommen und gewaschen, so setzt man es mit Wasser und Salz auf ein rasches Feuer und lässt es 1 gute Stunde scharf kochen; dann nimmt man nach Verhältnis Reis, brüht ihn ab und wirft ihn in die Hühnerfleischbrühe und kocht beides zusammen gar. Mit dem Reis tut man zugleich etwas Gewürz und Porree, auch Petersilie daran. – Hat man ein altes Huhn, von dem man befürchtet, dass es nicht weich werden möge, so gebrauche man folgende Vorsichtsmaßregel: Wenn man das Huhn ganz fertig zum Kochen vorbereitet hat, nehme man ein Stückchen Butter, mache sie über dem Feuer glühend und gieße sie in das ausgenommene Huhn. Es beizt die glühende Butter das Huhn gleichsam durch und durch, und gibt dem Fleisch einen außerordentlichen Wohlgeschmack. Man kann dieses auch bei einer alten Gans anwenden, denn die Butter geht ja dabei nicht verloren.

35. Huhn mit Graupen. Wird fast ebenso wie Huhn mit Reis gekocht, nur dass man die Graupen mit dem Huhn zugleich aufsetzt und es 1 gute Stunde zugedeckt scharf kochen lässt. Ist die Brühe eingekocht, so gießt man warmes Wasser nach. Auf 1 Huhn rechnet man 1½ Viertelpfund Graupen.

36. Huhn mit Kalbfleisch in Nudeln. Man setzt das Huhn nebst 1 oder 2 Pfund Kalbfleisch mit Salz und Gewürz aufs Feuer und lässt es beinahe weich kochen. Dann streut man langsam entweder selbst gemachte Nudeln (siehe Seite 13, Nr. 1) oder Fabrik-Nudeln in die Fleischbrühe und lässt es langsam noch eine ½ Stunde kochen. Selbst gemachte Nudeln schmecken natürlich viel kräftiger dazu als Fabrik- oder Faden-Nudeln. Man würzt dann das Ganze mit etwas Muskatennuss und Petersilie.

Fische

1. Fische blau abzusieden. Man schlachtet die Fische auf verschiedene Weise ab; entweder nimmt man den Fisch beim Kopf, macht einen Querschnitt durch die Kehle, schneidet vom Kopf nach dem Schwanze zu den Bauch des Fisches auf und nimmt die Eingeweide heraus, oder man nimmt den Fisch in die rechte Hand und schlägt ihn mit dem  Kopf einige Mal auf das Anrichtebrett oder den Küchentisch, und nimmt ihn dann auch auf vorige Weise aus. Beim Ausnehmen des Fisches beobachte man wohl, dass man nicht in die Eingeweide hineinschneidet, indem man sonst leicht die Gallenblase zerschneidet und dadurch der Fisch einen bittern Geschmack erhält. Hat man ihn nun ausgenommen, so schuppt man ihn ab, indem man mit einem stumpfen Messer gegen die Schuppen streicht, wäscht mit kaltem Wasser alles Blutige und Schleimige sorgfältig ab, reibt ihn scharf mit Salz aus und begießt ihn dann mit lauwarmem Weinessig, in welchem man ihn eine kleine Zeit lang stehen lässt. Während dem setzt man einen Kessel oder breiten Topf mit Wasser aufs Feuer, tut einige ganze Zwiebeln, Lorbeerblätter, ganze Pfefferkörner und Salz (man rechnet auf 1 Pfund Fisch 1 Handvoll Salz) daran, und wenn das Wasser im stärksten Wallen ist, legt man die gesäuberten Fische hinein. Man lässt sie im Durchschnitt, je nachdem der Fisch groß oder klein ist, 10 bis 20 Minuten kochen. Allgemeine Zeichen, dass der Fisch gar ist, sind: wenn die Augen weiß werden, der Schwanz sich krümmt und der Rogen hart wird. Größere Fische muss man schon vor dem Sieden tranchieren. Beim Anrichten wird der Fisch mit Petersilie ausgeputzt. Man macht zu abgesottenen Fischen gewöhnlich braune Butter mit Petersilie. Auf diese Weise siedet man: K a r p f e n , F o r e l l e n (brauchen nicht geschuppt zu werden), H e c h t e , B a r b e n u s w .

2. Schmerle abzukochen. Sie werden nicht ausgenommen und lebendig in kochendes Salzwasser geworfen. Man kann ins Abkochwasser auch ein Stückchen Butter und ein paar Löffel voll Essig tun; sie werden gekocht, bis sie sich krümmen, dann das Wasser abgegossen und angerichtet. – Man gibt bloß Essig in der Flasche dazu.

3. Aal blau zu sieden. Beim Abschlachten des Aals muss man einige Vorsicht anwenden. Da es, vermöge seiner

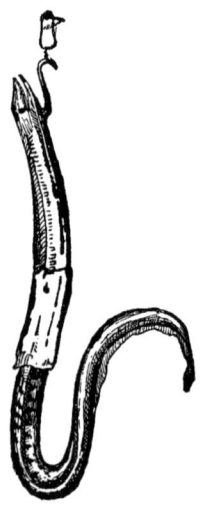

Stärke und Schlüpfrigkeit, unmöglich sein würde, ihn aus freier Hand abzuschlachten, so wickelt man ihn in eine Serviette, um ihn für den Augenblick fester halten zu können, und nagelt ihn mit dem Kopfe an eine Tür oder auf den Küchentisch fest, schneidet ihm dicht unterm Kopf die Kehle durch und der Länge nach den Bauch auf, nimmt ihn aus und schneidet ihn in Stücke. Viele Leute ziehen ihm auch die Haut ab, weil sie für Gicht und Rheumatismus gut sein soll; zieht man ihm jedoch die Haut nicht ab, so muss er tüchtig mit Salz gescheuert werden, um das Schleimige zu verlieren. Die klein geschnittenen Stücke legt man, wenn der Aal die Haut behalten hat, in Essig und lässt ihn eine ¼ Stunde zugedeckt darin liegen, um ihn zu bläuen. Man hat unterdessen in einem Topf Wasser mit ziemlich viel Salz kochend gemacht, Zitronenscheibchen, Lorbeerblätter und einige ganze Pfefferkörner daran getan, und legt nun den Aal hinein. Er muss wenigstens eine ½ Stunde kochen. Wenn er gar ist, lässt man ihn noch eine ¼ Stunde in der Brühe stehen. – Man gibt ihn mit Essig oder mit Zitronensaft, zu welchem Behuf man auch ganze Zitronen mit serviert.

4. **Marinierter Aal**. Der Aal wird auf vorige Weise abgeschlachtet und gereinigt; bloß wenn es ein schwererer Aal von 3 bis 5 Pfund ist, muss man ihm die Haut abziehen. Das Abkochwasser besteht aus: die Hälfte Wasser und die Hälfte Essig, nebst ganzen Pfefferkörnern, Salz, Lorbeerblättern, einigen ganzen Zwiebeln, in die man einige ganze Nelken gesteckt hat, und einigen Zitronenscheibchen. Ist er gar, so nimmt man die Stücken heraus und lässt die Hälfte des Abkochwassers mit starkem Weinessig wiederum aufkochen und gießt, wenn es kalt geworden, über den Aal her, den man in einem gut verwahrten Steintopf aufhebt. Er wird, wenn er gegessen werden soll, mit dieser Sauce, in die man einige Kapern tun kann, aufgetragen.

5. **Stockfisch abzusieden**. Den bereits aufgequellten Stockfisch legt man am Abend zuvor in reines Brunnenwasser, damit der Laugengeschmack herausziehe. Man setzt ihn dann mit kaltem Wasser aufs Feuer (es braucht dies kurz vorm Essen zu geschehen, weil er gleich gut ist) und achtet wohl darauf, sowie das Wasser zu kochen anfangen will, sodass die ersten Perlen heraufstei-

gen, nimmt man ihn ab, gießt ihn durch ein Durchschlag, befreit ihn von Haut und Gräten, und trägt ihn, nachdem man braune Butter mit Zwiebel darüber gegossen auf den Tisch. Am besten schmecken geschälte und in Salzwasser abgekochte Kartoffeln dazu. Man setzt auch Senf auf den Tisch, einmal um dadurch dem Stockfisch einen bessern Geschmack zu geben und ferner das Verdauen dieser schweren Speise besser zu befördern.

6. Krebse rot zu sieden. Die Krebse werden in einem Zuber rein gewaschen und, da man es häufig mit der Hand nicht kann, mit einer Bürste so viel als möglich von Schlamm und Schleim befreit. Man hat einen Kessel mit Salzwasser und Kümmel aufgestellt, und wenn es im vollsten Kochen ist, wirft man die Krebse lebendig ins Wasser. Man lässt sie so lange kochen, bis sie recht rot sind, dann gießt man das Wasser ab, tut ein klein wenig Butter an die Krebse und schwenkt sie einige Mal herum. Beim Anrichten belegt man die Krebse mit Petersilie.

7. Forellen zu marinieren. Nachdem sie geputzt sind, werden sie in heißgemachter Butter auf beiden Seiten leicht und rasch gebraten, und mit heißgemachtem Essig begossen. Wenn sie völlig erkaltet sind, legt man sie auf folgende Art ein: den Boden eines Steintopfes bestreut man mit Lorbeerblättern, ganzen Pfefferkörnern und etwas wenigem Salz, darauf kommen eine Lage Forellen, darauf wieder Gewürz, dann wieder Forellen und so fort, bis der Topf voll ist. Darauf gießt man den Essig, der zuerst über die Forellen gegossen wurde, auch wieder in den Topf und noch ein wenig Mohnöl dazu, verschließt den Topf mit einem passenden Deckel gut, und hebt sie an einem kühlen Orte oder im Keller auf. Beim Anrichten gibt man Zitrone dazu.

8. Karpfen, Forellen usw. zu backen. Die gut ausgenommenen Fische werden in Öl und Mehl oder Semmelkrume umgewandt und in Butter auf beiden Seiten gelblich braun gebacken.

9. Heringe zu marinieren. Gute holländische Heringe, welche man an ihren kleinen spitzen Köpfen leicht erkennen kann, werden abgewaschen, 12 Stunden eingewässert, dann die Haut abgezogen und in folgende Sauce gelegt: die Milch der Heringe wird gehackt und mit Essig abgequirlt; dann tut man (je nach der Anzahl der Heringe) ganze Pfefferkörner, Lorbeerblätter, Zitronenscheibchen und Kapern in die Sauce, legt die Heringe hinein und bewahrt sie in einem steinernen Topfe auf.

Salate

1. Kartoffel-Salat. Es werden Kartoffeln, nachdem sie rein abgewaschen sind, in einen Kessel oder Topf mit Wasser, etwas Salz und ganzen Kümmel aufs Feuer gesetzt und abgesotten. Beim Kochen der Kartoffeln beobachte man überhaupt folgende Maßregeln: 1) nehme man nie Kartoffeln, die von verschiedenen Äckern sind, indem sie sonst nicht zu gleicher Zeit weich werden; 2) gieße man nie mehr Wasser zum Abkochen an die Kartoffeln, als dass sie kaum 1 Finger hoch unterm Wasser sind; denn zu vieles Wasser macht die Kartoffeln seifig. Hat man hingegen nur wenig Wasser dazugegossen und auf den Topf oder Kessel einen gut passenden Deckel gelegt, sodass die Kartoffeln zuletzt beinahe nur in Wasserdämpfen kochen, so werden sie gleichzeitig weich und durch und durch mehlig. Sind nun die Kartoffeln weich, so gießt man das Wasser ab und schält sie. Solange sie noch warm sind, schneidet man sie in Scheibchen, gießt gutes Mohnöl darüber, salzt sie, jedoch mit Vorsicht, und mengt sie. Haben sie eine ½ Stunde mit dem Öl gestanden, so gießt man guten Bieressig, besser aber starken Weinessig mit etwas Wasser verdünnt darüber, tut noch etwas gestoßenen Pfeffer und gehackte Zwiebeln daran und richtet ihn an. Man kann ihn auch mit Gurken vermengen, und je nachdem die Jahreszeit ist, Petersilie, Schnittlauch und dergleichen daran tun. Kartoffelsalat, der schon 1 Tag gestanden hat, schmeckt am besten.

2. Sellerie-Salat. Recht dicke Selleriewurzeln werden gewaschen und abgeputzt, dann in Wasser recht weich abgekocht oder beim Fleischkochen mit in der Fleischbrühe gar gemacht. Dann nimmt man sie heraus, lässt sie kalt werden und schneidet sie in dünne Scheibchen, begießt sie zuerst mit Öl, dann mit Essig und tut zuletzt etwas ganz klares Salz, gestoßenen Pfeffer und gehackte Zwiebeln daran.

3. Gurken-Salat. Frische Gurken werden vom Stiele nach der Spitze zu geschält und gehobelt oder mit dem Messer in ganz feine Scheibchen geschnitten und gesalzt. Nach einigen Stunden gießt man das Gurkenwasser ab und drückt die Gurken aus. Sie werden dann mit Öl, Essig und Pfeffer angemacht. Man benutze die Gurkenzeit ja, denn es gibt leicht keine gesundere Frucht als die Gurke.

4. Lattich- oder Kopf-Salat. Die ganz jungen zarten Lattich-Pflänzchen, oder schöne feste Häuptchen (von denen man jedoch die äußeren dunkelgrünen zähen Blätter wegwirft und nur das innere Zarte gebraucht) werden geputzt und in einem Durchschlage sauber abgewaschen. Man kann ihn nun auf zweierlei Art zubereiten: 1) wie alle Salate mit Öl, Essig, Salz, Pfeffer und einigen gehackten Zwiebeln, auch etwas jungen Dill, Gurkenkraut und dergleichen, oder 2) als warmen Garten-Salat, indem man in Würfelchen geschnittenen Speck auslässt, Essig und sauern Rahm nebst einem Wenig Salz daran tut, die ganze Brühe tüchtig aufkochen lässt und dann über den geputzten Salat hergießt. Man muss dies aber kurz vor dem Essen tun, indem sonst der Salat gleich welk und unschmackhaft wird.

5. Brunnenkress-, erfurtisch: Braunkirsch-Salat. Der Dreienbrunnen in Erfurt zeugt diese herrliche und gesunde Pflanze so vorzüglich, wie man es an keinem andern Orte findet. Die Brunnenkresse wird sorgfältig gereinigt und die Stiele davon weggeworfen; es sitzen häufig kleine Schnecken etc. daran. Öl ist die Hauptsache bei diesem Salat. Es kommt noch Essig, Salz und Pfeffer daran. Man kann auch die Brunnenkresse, nachdem sie gelesen, zum Butterbrot essen. Ferner kocht man ein dem Spinat ähnliches Gemüse davon (siehe Seite 34, Nr. 18.). Auch frische Brunnenkresse ausgequetscht und den Saft davon getrunken ist ein sehr gutes Brustmittel.

6. Rapünzchen-Salat. Es werden die Wurzeln und gelben Blätter abgeschnitten, der Salat gewaschen und auf obige Weise angemacht.

7. Bachbungen- oder Bachbohnen-Salat wird auf dieselbe Weise angemacht.

8. Grüner Bohnen-Salat. Junge zarte Schminkbohnen werden abgezogen, in der Mitte durchgeschnitten, in Salzwasser weich gekocht und wenn sie kalt sind, mit gutem Öl, Essig, Pfeffer und gehackten Zwiebeln angemacht.

9. Weisser Bohnen-Salat. Weiße trockene Bohnen werden verlesen, gewaschen und in Salzwasser ziemlich weich gekocht, jedoch so, dass sie nicht zerplatzen und noch ganz bleiben. Dann gießt man sie in einen Durchschlag, lässt das

Wasser ablaufen und kalt werden. Unterdessen macht man in einer Schüssel von Essig, Öl, Zwiebeln und Pfeffer eine Sauce und schüttet dann die abgekochten Bohnen hinein.

10. **BLUMENKOHL-SALAT.** Man putzt einige Blumenkohlstauden wie zum Gemüse, kocht sie in Salzwasser ziemlich weich und gießt das Wasser ab. Wenn der Blumenkohl noch warm ist, wird Öl darüber gegossen und gemengt. Nach einer ½ Stunde gießt man noch recht scharfen Essig, gehackte Zwiebeln und Pfeffer darüber.

11. SPARGEL-SALAT wird im Ganzen beinahe wie der Blumenkohl-Salat gemacht, nur dass man, wenn die Stiele holzig sind, sie abschneiden muss.

12. KALTER KRAUT-SALAT. Gutes festes Weißkraut oder Rotkrauthäuptchen (die zarten kleinköpfigen sind besser und wohlschmeckender als die großköpfigen mit starken Blättern und Rippen) werden, nachdem man die äußeren Blätter davongenommen, die Strünke und Rippen ausgeschnitten hat, auf dem Krauthobel klar gemacht und mit Mohnöl, Weinessig, Pfeffer und Salz gemengt.

13. WARMER KRAUT-SALAT. Auf obige Weise gehobeltes Weißkraut wird in einen Tiegel mit ausgelassenen Speckwürfeln nebst etwas in Butter braun gemachtes Mehl geschüttet, gesalzt, etwas guter Essig hinzugegossen und weich geschmort. Ist es im Herbst, so kann man auch einige Weinbeeren dazutun.

14. HERINGS-SALAT. Man nimmt 1 bis 2 gute holländische Heringe, schuppt und wäschst sie einige Male, zieht die Haut und Floßfedern, und das Fleisch von den Gräten ab und schneidet es in kleine Stückchen. Der Rogen und die Milch werden klein gehackt und mit Essig abgequirlt. Ferner schneidet man sauere Äpfel in Würfelchen und abgekochte Kartoffeln in Scheibchen; dieses alles mengt man mit gehackten Zwiebeln, Öl und etwas gestoßenem Pfeffer gut untereinander und richtet es dann an.

15. Italienischer Salat. Seine Zubereitung ist wie die des Herings-Salat, nur dass man noch in kleine Würfel geschnittenen Kalbs-, Hammel- oder Schweinebraten, abgekochte rote Rüben und eingemachte saure Gurken, Cervelatwurst, Kapern, gehackte Petersilie etc. hinzutut. Wenn er zum Anrichten fertig ist, belegt man ihn mit Zitronenscheibchen.

Kompotte

1. Apfel-Kompott oder gedämpfte Äpfel. Die geschälten Stettiner oder Borsdorfer Äpfel werden in 4 Teile geschnitten, vom Kerngehäuse oder Kröps gereinigt und in einen Dämpftopf oder Kasserol gelegt. Dann gießt man Wasser und leichten Kochwein, jedes zur Hälfte, nebst etwas Zitronenschale, 1 Handvoll äußerst sauber gewaschener Korinthen oder kleiner Rosinen, ganzer Zimtschale, einigen Stückchen Zucker daran und lässt sie langsam schmoren. Man kann sie auch ganz in der Schale dämpfen, wenn man vorher vermittelst eines Durchstecheisens die Kerne herausgenommen hat. Sie werden dann einer nach dem andern, wie sie weich sind, herausgenommen und auf eine Schüssel gelegt. Man seiht die Sauce durch und gießt sie über die Äpfel.

2. Apfelbrei. Man schält die Äpfel, schneidet sie in 4 Teile, nimmt den Kröps heraus und setzt sie mit so viel Wasser, dass es darüber hinweggeht, in einem irdenen Topfe aufs Feuer; wenn sie ein Weilchen gekocht haben, tut man ganzen Zimt, kleine gut gewaschene Rosinen und Farin- oder Kochzucker daran und lässt es vollends zu Brei kochen. Auf 1 Mandel Äpfel rechnet man ½ Viertel kleine Rosinen und ebenso viel Zucker.

3. Birnen-Kompott. Man schneide Kochbirnen, auch sogenannte Blutbirnen, nachdem sie geschält in 4 Teile, löse den Kröps heraus, und setze sie mit Wasser (mit

Kochwein ist delikater), einigen Stückchen Zucker, etwas ganzen Zimt und einigen ganzen Nelken auf, und lasse sie weich schmoren. Beim Anrichten überstreut man sie mit gestoßenem Zucker und Zimt.

4. Kirschen-Kompott. Man befreit gute Sood- oder Sauerkirschen (noch besser sind die Augustkirschen) von ihren Stielen und Kernen, setzt sie ohne Wasser mit Zucker, einigen Gläsern voll Kochwein, ganzen Zimtröhren und einigen Nelken aufs Feuer, lässt sie langsam schmoren und beim Anrichten überstreut man sie mit Zucker.

5. Geschmorte frische Pflaumen. Gute reife Zwetschen oder Pflaumen werden aufgeschnitten, die Kerne herausgenommen und in einen Dämpftopf, in welchem man ein Stückchen Butter hat zergehen lassen, eine ½ Stunde lang auf gelindem Feuer geschmort. Kurz vorher, ehe man sie vom Feuer nimmt, tut man etwas Zucker und Zimt daran. Beim Anrichten überstreut man sie abermals mit Zucker und Zimt.

6. **Heidelbeeren-Kompott.** Die gesäuberten Heidelbeeren werden mit einigen Stückchen Zucker in ihrem eigenen Safte weich geschmort. Einige geröstete Brotrinden in das Kompott getan, schmeckt sehr gut. Beim Anrichten bestreut man sie mit Zucker und Zimt.

7. Johannis- und Weinbeeren-Kompott. Sie werden ebenso wie die Heidelbeeren in ihrem eigenen Safte und einigen Stückchen Zucker weich geschmort. Beim Anrichten muss man sie tüchtig mit Zucker bestreun.

8. Kompott von unreifen Stachelbeeren. Von ausgewachsenen aber noch unreifen Stachelbeeren schneidet man die Stiele und Knöspchen oben ab; unterdessen hat man einen Kessel oder Topf mit Wasser aufgesetzt, und wenn es stark kocht, wirft man die Stachelbeeren hinein, lässt sie einige Mal aufwallen und gießt dann das Wasser ab. Darauf setzt man in einem Kasserol oder Schmortopf 1 Pfund Zucker, welcher mit Wasser genässt ist, auf, und wenn es zergangen, tut man die Stachelbeeren dazu und lässt sie langsam schmoren, wobei man sie aber häufig umschwenken muss, damit sie nicht anbrennen. Kalt zum Braten schmecken sie am besten. Auf 1 Nösel unreifer Stachelbeeren rechnet man 12 Loth Zucker.

9. Kompott von Erdbeeren. Gute frische Erdbeeren, die noch nicht überreif sind, werden behutsam abgewaschen. Dann nimmt man auf jedes Nösel Erdbeeren 12 Loth Zucker, lässt ihn, indem man ihn ein wenig angefeuchtet, in einem Kasserol über dem Feuer zergehen, tut die

Erdbeeren hinein und lässt sie ganz langsam schmoren. Sie werden kalt gegessen.

10. Gebackene oder getrocknete Pflaumen. Die gebackenen Pflaumen oder Zwetschen werden in warmem Wasser abgewaschen, in einen Topf getan und so viel Wasser (auch etwas Wein, wenn man will) darüber gegossen, dass es kaum über die Pflaumen weggeht; wenn sie eine ¼ Stunde gekocht haben, tut man, wenn sie nicht für Kranke bestimmt sind, einige Zitronenschalen, Zucker und einige ganze Zimtröhrchen daran und lässt sie über gelindem Feuer ungefähr ¾ Stunden kochen. Beim Anrichten bestreut man sie mit Zucker.

11. Getrocknete Äpfel und Birnen, Hotzeln genannt. Werden im Allgemeinen wie die Pflaumen zubereitet, nur brauchen sie längere Zeit zum Weichwerden.

12. Kompott von Hagebutten oder Hahnebutten. Getrocknete Hagebutten werden abgewaschen und mit halb Wasser, halb Kochwein aufgesetzt; wenn sie halb weich gekocht sind, wird Zucker, Zitronenschale und ganzer Zimt daran getan und fertig geschmort.

Getränke

Kalte und warme Getränke

1. Warmbier. Man nimmt 1 Quart Bier, nebst etwas ganzen Zimt, setzt es in einem Topf aufs Feuer und lässt es kochen; unterdessen hat man von 3 Eiern das Gelbe und 4 bis 6 Loth gestoßenen Kandiszucker gut untereinander gequirlt und lässt es nun langsam, ebenfalls unter beständigem Quirlen ins kochende Bier laufen. Beim Einfüllen in die Gläser nehme man sich jedoch in Acht, dass die Gläser nicht springen.

2. Eierbier oder Guten Morgen Herr Fischer. 3 Eier werden ausgeschlagen, das Gelbe und Weiße scharf durcheinander gepeitscht, und dann unter beständigem Quirlen 1 Maaß gutes Bier (aber kalt), nebst 4 Loth Zucker daran gegossen. Es ist dies besonders im Sommer ein herrlicher Frühstückstrank.

3. Musik. Zu 1 Quart Bier nimmt man ungefähr ¼ Pfund geriebenes Schwarzbrot, für 3 Pfennige gestoßenen Zimt, ein paar Prisen geriebenen Ingwer, 4 Loth klcine Rosinen (welche erst gelesen und einige Mal in heißem Wasser abgewaschen werden müssen), 4 Loth gestoßenen Zucker und einige Zitronenscheiben. Dies alles untereinander ins Bier getan ist ein sehr angenehmes sättigendes Getränk. Man kann sich auch die Zusätze als Zucker, Brot, Gewürz usw. trocken untereinander mengen und beim Spaziergang in einem Papier zum beliebigen Gebrauch bei sich tragen.

4. Schokolade mit Eiern. Man setzt 1½ Nösel Milch in einem Kasserol oder einen Topf aufs Feuer und lässt sie bis zum Kochen heiß werden. Unterdessen reibt man ¼ Pfund Schokolade auf dem Reibeisen ganz klar, und quirlt mit einem Wenig kalter Milch von 3 Eiern das Gelbe in einem besondern Töpfchen; wenn nun die Milch zu steigen anfängt, so gießt man unter beständigem Quirlen die Eier und die geriebene Schokolade dazu und lässt es aufkochen. Will man die Schokolade ganz delikat machen, so nimmt man Vanillen-Schokolade und rechnet auf jede Tasse 1 Ei. Man kann auch die Schokolade statt mit Milch, bloß mit halb Milch und halb Wasser kochen.

5. Gesundheits-Schokolade. Diese häufig aus so verschiedenen Bestandteilen zusammengesetzte Schokolade wird in der Regel bloß in Wasser gekocht. Man erhält beim Kaufen derselben gewöhnlich eine Gebrauchsanweisung. Diejenige Schokolade, welche am meisten getrunken wird und wohl auch die empfehlenswerteste, ist die aus reinen Kakaobohnen zubereitete.

6. Tee. Alle Teearten, sowohl der grüne chinesische, als unsere inländischen Gesundheitstees werden nie gekocht, sondern bloß, wenn das Wasser im starken Kochen ist, überbrüht und dann lässt man sie noch eine ¼ Stunde an einem warmen Orte ziehen.

7. Limonade. Man kocht so viel Brunnenwasser ab, als man nötig zu haben glaubt, und lässt es im Keller wieder ganz erkalten. Ferner röstet man von Schwarzbrot einige Rinden ganz hochbraun. Will man nun ein oder mehrere Gläser Limonade machen, so reibt man auf so viel Zucker, als man zum Versüßen des Wassers nötig hat, von 1 oder 2 Zitronen das Gelbe ab, und scheidet die Zitronen selbst in Scheibchen. Man rechnet auf 1 Nöselglas voll abgekochten Wassers 2 Zitronenscheibchen, ein Stückchen geröstete Brotrinde und 2 bis 3 Loth Zucker. Oder

8. Auf andere Art. Man reibt von 2 Zitronen das Gelbe auf 1 Pfund Zucker ab, und drückt von diesen 2 wie noch von 4 andern Zitronen den Saft an den Zucker, legt dies alles in einen Kasserol, gießt noch 1 bis 1½ Tassenköpfchen voll Wasser hinzu, und lässt den Zucker zu einem dicken Sirup kochen. Man bewahrt ihn dann in Flaschen auf, und tut, wenn man Limonade machen will, nach Belieben davon in frisches Brunnenwasser.

9. Mandelmilch. Ein herrliches Getränk für Gesunde und Kranke. ¼ Pfund gesunde süße Mandeln nebst 3 oder 4 bittern lässt man 3 bis 4 Minuten in vollem kochenden Wasser weichen, bis dass die Schale von den Mandeln abgeht. Hierauf stoße man die Mandeln in einem ganz reinen Mörser mit einem Wenig Rosenwasser so lange, bis es einen dickflüssigen Brei gibt. Darauf seiht man es durch ein reines leinenes Läppchen, und stößt die zurückgebliebenen Mandeln nochmals mit etwas Rosenwasser und presse es auch wieder durch. Darauf tut man ½ Pfund guten feinen Zucker an die Mandelmilch, und verdünnt sie mit Rosenwasser; man kann auch ⅔ Rosen- und ⅓ Pomeranzenblütwasser daran tun. Wer sie ganz delikat haben will, stößt bei den Mandeln für 1 Groschen Vanille mit; man kann sie alsdann aber nicht für Kranke benutzen.

10. Grog. Man setze 3 Nösel Wasser aufs Feuer, lasse es scharf ins Kochen kommen und gieße es über ¾ Pfund Zucker, nebst 1 Nösel Rum.

11. Punsch. Von 3 Zitronen wird das Gelbe auf 1 Pfund Zucker abgerieben, in eine Bowle oder Terrine gelegt und mit 2 Tassenköpfchen voll heißen Wasser begossen, damit er sich auflöse; ferner wird von 5 oder 6 Zitronen der Saft zu dem Zucker gedrückt, 1 Flasche voll Rum (oder 1 Nösel Arrak) dazugegossen, und ein Deckel auf die Terrine gelegt. Man hat unterdessen ungefähr 3 Glasflaschen (also 4 Nösel) voll Wasser aufs Feuer gesetzt und gießt es, wenn es im vollen Kochen ist, über den Zucker und Rum in die Terrine. Einen sehr angenehmen Geschmack gibt es dem Punsch, wenn man ungefähr ½ Loth Tee erst im kochenden Wasser ziehen lässt.

12. Wein-Punsch. Wird beinahe auf obige Weise gemacht, indem man statt des Wassers einen leichten Franken- oder Moselwein langsam über dem Feuer erhitzt, 1½ Pfd. Zucker hineinwirft, auf dem man zuvor von 2 oder 3 Zitronen das Gelbe abgerieben hat, tröpft von 4 oder 5 Zitronen den Saft dazu, nimmt den Wein vom Feuer und gießt ¾ Nösel feinen Arrak hinzu. Eine Apfelsine mit daran getan, gibt dem Punsch einen äußerst angenehmen Geschmack.

13. Eier-Punsch. Von 8 Eiern schlägt man das Weiße vermittelst einiger reinlichen Besenreiser in einem kupfernen Kessel zu Schnee, quirlt das Gelbe für sich, und wenn das Eiweiß recht steif ist, gießt man nach und nach 1 Flasche weißen Wein, das Gelbei, 1 Flasche heißes Wasser unter beständigem Schlagen dazu, und setzt es nebst 1½ Pfund Zucker, worauf 3 Zitronen abgerieben sind, aufs Feuer, und lässt es einmal aufwallen; wie es vom Feuer kommt, drückt man den Saft der Zitronen dazu und wirft, wenn man dem Ganzen einen rechten Wohlgeschmack geben will, für 2 Groschen Vanille dazu. Dass auch, während dem es auf dem Feuer steht, beständig gequirlt werden muss, versteht sich von selbst.

14. Glühwein. 2 Flaschen Rotwein werden in eine Terrine geschüttet, ½ Pfund Zucker, 1 Stange ganzen Zimt, 16 bis 20 Gewürznelken und von 2 Zitronen die dünn abgeschnittene Schale dazugetan und über Kohlen beinahe kochend heiß gemacht; jedoch darf er nicht ins Wallen kommen. Man präsentiert ihn heiß, nachdem man ihn durch ein Haarsieb hat gehen lassen.

15. Bischof. Von 4 Stück guten Pomeranzen und 1 Apfelsine reibt man mit 1 bis 1½ Pfund Zucker die gelbe Schale ab, presst den Saft davon in eine Terrine, legt den Zucker dazu und gießt 3 Flaschen Rotwein (am besten ist Médoc) darüber, lässt dies wohl zugedeckt einige Tage stehen und füllt es dann zu beliebigem Gebrauch auf Flaschen.

16. Bischof-Extrakt. Man gießt in eine Flasche 1 Nösel *Spiritus vini* oder Franzbranntwein und schneidet so viel Schale von grünen jungen und großen süßen Pomeranzen dazu, dass die Flasche voll wird; alsdann pfropft man sie gut zu und lässt die ganze Masse einige Wochen an der Sonne oder am Ofen extrahieren.

17. Kardinal. Zu 4 Bouteillen gutem Würzburger nimmt man 2 Apfelsinen und 2 bittere Pomeranzen, deren Schale auf 1½ Pfund Zucker abgerieben wird; hat man alles zusammen in eine Terrine geschüttet, so drückt man den Saft der 2 Apfelsinen daran, und nachdem sich der Zucker ordentlich aufgelöst hat, gibt man ihn herum.

18. Kirsch-Liqueur. Gute reife Augustkirschen (Sood- oder Sauerkirschen) werden abgebeert, abgewaschen und auf ein Brett zum Trocknen gelegt; es kriechen auch, wenn Würmer in den Kirschen sein sollten, dieselben heraus. Sodann trocknet man mit einem Tuch die Kirschen vollends ab und füllt sie in eine große Flasche. Auf 1 Pfund Kirschen nimmt man ¼ Pfund dunklen Kandiszucker, 2 Loth verzuckerte Pomeranzenschale, ½ Loth ganzem Zimt und 20 Nelkchen. Hat man dieses alles in eine Flasche getan, so gießt man so viel guten Nordhäuser Fruchtbranntwein dazu, dass er 2 Finger hoch über die Kirschen weggeht. Es wird die Flasche dann gut zugepfropft und an die Sonne oder den Ofen zum Destillieren gestellt und mitunter umgeschüttelt. Es gibt dieses einen ganz vorzüglichen gesunden und magenstärkenden Liqueur.

19. Kalmusbranntwein. Auf 1 Glasflasche voll gutem Fruchtbranntwein rechnet man 5 bis 6 Loth verzuckerte Kalmuswurzel und ¼ Loth Angelikawurzel; es muss alles zusammen 6 bis 8 Tage an einer warmen Stelle destillieren.

20. Wachholderbranntwein. Zu 1 Glasflasche voll altem guten Kornbranntwein nimmt man 1 gute Handvoll halbreifer gequetschter Wachholderbeeren und ein wenig Pomeranzenschale nebst ½ Pfund Kandiszucker, und lässt dies alles ungefähr 10 bis 14 Tage an einem warmen Orte destillieren. Es ist dies besonders für Jäger und Landleute ein sehr gutes magenwärmendes Mittel und schützt zugleich vor ansteckenden Krankheiten.

21. Himbeerwasser. Frische Himbeeren presst man aus und nimmt auf 1 Nösel Himbeersaft 2 Nösel mit etwas Zucker abgekochtes Brunnenwasser. Man kann einige Tropfen Zitronensaft an jedes Glas voll Himbeerwasser tun. Im Winter, wenn man keine frischen Himbeeren hat, nimmt man Himbeersaft, den man in jeder Apotheke bekommt, und verdünnt ihn auf obige Weise.

Eingemachtes

1. Bohnen einzumachen. Gute speckige grüne Bohnen, Schwertbohnen oder Schminkbohnen werden wie gewöhnlich abgezogen und geschnitten. Man nimmt darauf, ehe man sie ins Einmachefass tut, große Becken oder Kübel, worin man sie mit gutem Kochsalz mengt und ungefähr einen ½ Tag stehen lässt, damit sie hinlänglich Brühe ziehen und das Salz sich ganz auflöst. Es kömmt nun allerdings auf die Güte und Stärke des Salzes an, wie viel Salz man einmengt. Auf einen gewöhnlichen Tragekorb voll geschnittener Bohnen rechnet man 8 bis 10 Hände voll guten Kochsalzes. Haben sie nun hinlänglich Brühe gezogen, so drückt man sie so fest man kann ins Einmachfässchen ein, bis es beinahe voll ist, bedeckt sie mit einem reinen leinenen Tüchelchen, über welches man einen passenden hölzernen Deckel legt und das Ganze mit einem oder einigen 20 bis 30 Pfund schweren Steinen presst. Hat man ein Einmachfässchen mit einer Schraube, so ist es umso besser. Nur ist den Winter über die Vorsicht anzuwenden, dass die Bohnen ebenso wenig einer großen Kälte als Wärme ausgesetzt werden dürfen, und dass man ferner alle 8 Tage danach sieht, alles Schimmlige oder Kahmige abnimmt und immer wieder ein in frischem Wasser ausgewaschenes Leinentüchelchen darüber legt. Sollen sie gekocht werden, so muss man sie den Tag vorher aus dem Fässchen nehmen und in reines Flusswasser legen, damit der überstarke Salzgeschmack herauszieht. Hat man sie nun aus dem Wasser genommen und ausgedrückt, so wirft man 1 Handvoll nach der andern in k o c h e n d e s Wasser und lässt sie gar kochen. Die Zubereitung ist dann die der frischen grünen Bohnen, Seite 34, Nr. 19.

2. Pfeffer- oder Essiggurken einzumachen. Wenn die großen Salatgurken zu Ende gehen, also ungefähr Mitte September, nimmt man die ganz kleinen Gurken, die 1 bis 2 Zoll groß sind, und weicht sie mit Wasser einen ½ Tag ein, damit alle Erde, die daran sitzt, ganz losweicht. Darauf nimmt man starken Weinessig, und setzt ihn mit einigen Händen voll ganzer Pfefferkörner, etwas Lorbeerblättern und ganzen Nelkchen in einem Kessel aufs Feuer und lässt ihn kochend werden. Zeigt sich Schaum oder Unreinigkeit, so schöpft man diesen ab und setzt den Kessel vom Feuer; der Essig muss wenigstens 12 Stunden an einem kühlen Orte stehen und erkalten. Die Gurken legt man nun, nachdem sie rein gewaschen und abgetrocknet sind, in einen Steintopf oder Einmachglas. Unten erst einige große Weinblätter, und dann die Gurken schichtweise darauf und begießt sie mit dem erkalteten Essig. Der Deckel auf dem Topf muss gut passen.

3. Sauerkraut einzumachen. Man lässt das Weißkraut entweder von herumziehenden Krautschneidern hobeln, oder man hobelt es selbst auf dem gewöhnlichen Salathobel. Dann nimmt man das Einmachfass, streut unten eine Lage Salz hinein und wirft darauf einige Hände hoch Kraut, dann wieder Salz usw. Das Kraut muss jedes Mal recht fest gestampft werden. Zuletzt, wenn das Fass voll ist, wird der Deckel mit großen Steinen beschwert oder das Fass zugeschraubt.

4. Mehlbeeren, Preiselbeeren einzumachen. Recht hochrote reife Mehlbeeren werden verlesen und ganz behutsam abgewaschen; man kann sie nun mit oder ohne Zucker einmachen; will man sie ohne Zucker einmachen, so setzt man die Mehlbeeren in einem neuen Topf mit einigen Zimtrollen und ganzen Nelkchen aufs Feuer und lässt sie so in ihrem eigenen Safte schmoren; es hält indessen sehr schwer, ihnen dann später, wenn man sie auf den Tisch bringt, einen süßen Geschmack zu geben. Wer etwas ganz Delikates haben will, der nehme auf jedes Pfund Mehlbeeren 1 Pfund weißen Kochzucker, lasse ihn mit 1 Esslöffel voll Wasser nur kaum nass werden und tue ihn in einen neuen irdenen Topf. Wenn der Zucker ganz zergangen ist, so tut man die Beeren nebst Zimt und Nelkchen hinein, und lässt sie tüchtig schmoren. Beide Arten werden in steinernen Töpfen gut verwahrt aufgehoben.

5. Pflaumen sauer einzumachen. Wenn die Pflaumen recht reif sind, geht man an einem schönen Septembermorgen in den Obstgarten und bricht, nachdem man Handschuhe angezogen hat, die schönsten Pflaumen vorsichtig ab, doch so, dass sie ihre Stiele und blauen Hauch behalten. Darauf setzt man guten Essig mit Nelkchen und ganzen Zimtröhren aufs Feuer, lässt ihn tüchtig ins Kochen kommen, schöpft alle Unreinigkeit ab und lässt ihn dann erkalten. Unterdessen hat man die Pflaumen ganz vorsichtig schichtweise mit Weinblättern in einen ganz reinen Steintopf gelegt, und schüttet den Weinessig, wenn er ganz erkaltet ist, darüber, dass er 1 Finger hoch über die Pflaumen weggeht. Man muss von Zeit zu Zeit nachsehen, wenn der Weinessig in die Pflaumen gezogen ist, so muss man immer wieder ein wenig Essig abkochen und nachgießen. Der Topf muss gut verwahrt werden.

6. Johannisbeeren einzumachen geschieht, nachdem sie abgebeert sind, gerade so wie bei den Mehlbeeren.

ABBILDUNGSERKLÄRUNG

Abbildung I:

    1 = Kopf
    2 = Hals oder Kamm
    3 = Mürbekamm
    4 = Hoch- oder Fehlrippe
    5 = Mittelrippe, Entrecôte, Rumpfsteak
    6 = Roastbeef oder englischer Braten
    7 = Vorderschwanzstück, Rosenspitz oder Tafelspitz
    8 = Mittelschwanzstück
    9 = Brustspitze oder Brustkern
    10 = Vorderblatt
    11 = Brust
    12 = Flanke, Kochfleisch
    13 = Nuss oder Kugel
    14 = Hinteres Schwanzstück oder Oberschale
    15 = Schenkel oder Unterschwanzstück
    16 = Hesse oder Wade

Abbildung II:

    1 = Keulen
    2 = Nierenstück, Karbonade
    3 = Rippen- oder Kotelettstück
    4 = Hals
    5 = Blatt
    6 = Brust
    7 = Kopf

8 = Hesse oder Haxe
9 = Füße

Abbildung III:
1 = Keule oder Schinken
2 = Rücken oder Kotelettstück
3 = Hals oder Kamm, Mutzbraten
4 = Blatt oder Vorderschinken
5 = Bauch
6 = Kopf
7 = Beine
8 = Füße

Register

Hulda Behnke
Hamburger Küche: Geprüft und bewährt
Ein Kochbuch mit über 1000 Originalrezepten traditioneller Kochkunst aus Hamburg

SEVERUS Verlag Hamburg 2019
428 Seiten, 23,0 x 15,5 cm

20,00 € (PB)
ISBN: 978-3-96345-082-2

Hamburger Aalsuppe, Rundstück warm und der gute Braune Kuchen – traditionelle Hamburger Küche ist vielseitig, gesund und einfach lecker.

Hulda Behnke stellt in diesem Kochbuch von 1923 über 1000 klassische Rezepte aus dem alten Hamburg zusammen. Dabei finden sich warme und kalte Vorspeisen, Suppen, Soßen, Fisch und Braten, Gemüse, Geflügel, Salate, Kompotte, Marmeladen, Desserts, Getränke, Gebäck, und vieles mehr. Wer Hamburger Gerichte aus Großmutters Zeiten wiederentdecken und erfahren will, was sich hinter Behnkes „Teufelstunke" und ihrem „Rührei auf andere Art" verbirgt, dem sei dieses Werk wärmstens empfohlen. Ein kulinarisches Fest für Hamburg-Neuentdecker wie Ur-Hamburger, Kochanfänger wie Hobbyköche, zum Stöbern und natürlich zum gleich Nachkochen!

Josef Stolz
Rheinisches Kochbuch
Gewöhnliche und feine Küche
des 19. Jahrhunderts

SEVERUS Verlag Hamburg 2019
284 Seiten, 21,0 x 14,8 cm

19,00 € (HC)
ISBN: 978-3-95801-710-8

16,00 € (PB)
ISBN: 978-3-95801-711-5

Anfang des 19. Jahrhunderts trug Josef Stolz diese
typisch rheinischen Rezepte zusammen und veröffentlichte ein Kochbuch, das von simplen Basisgerichten bis
zum opulenten Hauptgericht alles enthält, was man sich
erträumen kann. Ob Kastaniensuppe, Reisauflauf oder
Kalbstopf auf Schildkröten-Art: Diese Rezeptsammlung bietet traditionelle Kochkunst vom Feinsten, die
nicht nur Großmutters Herz höher schlagen lässt.

Josef Stolz (1777–1842) zählte zu den Hofköchen der
badischen Großherzöge und legte Wert auf den inter-
nationalen Flair, der seine Rezepte durch Besuche in
Italien und Frankreich prägt.

Friederike Luise Löffler
Neues Stuttgarter Kochbuch
Regionale Küche aus dem 20.
Jahrhundert

SEVERUS Verlag Hamburg 2017
468 Seiten, 21,0 x 14,8 cm

22,00 € (HC)
978-3-95801-396-4

18,00 € (PB)
ISBN: 978-3-95801-397-1

Von der Bombe à la Fürst Pückler, über Fischauflauf bis
hin zu Kalbsleber-Ragout – in dem „Neuen Stuttgarter
Kochbuch" sind die unterschiedlichsten Speisen ver-
sammelt. Egal ob Fleisch oder Gemüse, Herzhaftes oder
Süßes: Friederike Luise Löffler erklärt im vorliegenden
Band umfassend die klassische Zubereitung deutscher
Gerichte. Cremes, Soßen und Gelees gehören zu diesem Repertoire genauso dazu wie Säfte, Eingemachtes
und Backwerk.

Ein Kochbuch-Klassiker für alle, die nicht genug bekom-
men können vom Duft wie aus Omas Küche…